NOUVELLE COLLECTION HISTORIQUE

Enigmes et Drames judiciaires

d'autrefois

MAURICE SOULIÉ

LA MORT ET LA RÉSURRECTION

DE

M. DE LA PIVARDIÈRE

Librairie académique PERRIN et Cⁱᵉ.

LA MORT ET LA RÉSURRECTION

DE

M. DE LA PIVARDIÈRE

LOUIS DE LA PIVARDIERE

MAURICE SOULIÉ

LA MORT ET LA RÉSURRECTION

DE

M. DE LA PIVARDIÈRE

PARIS
LIBRAIRIE ACADÉMIQUE
PERRIN ET Cⁱᵉ, LIBRAIRES-ÉDITEURS
35, QUAI DES GRANDS-AUGUSTINS, 35
1926
Droits de traduction et de reproduction réservés pour tous pays.

SOURCES

La singulière histoire de Monsieur de la Pivardière eut un grand retentissement dans les premières années du xviiie siècle. Elle est longuement contée dans tous les recueils de causes célèbres de l'époque ; principalement ceux de Mannory, Garsault, de la Ville, et M***, avocat au Parlement, qui connut personnellement la fausse dame de la Pivardière. L'auteur a encore compulsé aux Archives Nationales le répertoire des Actes du Parlement de Paris, les Archives d'Auxerre, de Chartres et de Châteauroux, les états civils des paroisses de Saint-Eusèbe d'Auxerre et de Jeumaloche dans le Bas-Berry ; enfin, les « factums » répandus pendant le procès, et la longue plaidoirie de d'Aguesseau. Il faut ajouter que cette affaire a laissé un souvenir durable dans les pays où elle s'est déroulée. Un séjour à Auxerre et dans le Bas-Berry a permis à l'auteur de constater à quel point la tradition orale en est restée vivace. Aussi, après l'avoir minutieusement contrôlée, a-t-il cru pouvoir se permettre quelquefois de l'utiliser.

LA MORT ET LA RÉSURRECTION

M. DE LA PIVARDIÈRE

I

Le 15 novembre 1661, en la paroisse de Poulaines, près de Valençay, dame Marie de Betoulet de Saint-Christophe, épouse d'Antoine de la Pivardière, chevalier seigneur du Bouchet de Villemexant, et du Plessis-Doray, capitaine d'une compagnie de cent hommes d'infanterie, mit au monde un enfant mâle qui fut baptisé trois jours après sous le nom de Louis-Charles-Edme-Dieudonné.

Les « la Pivardière » étaient de bonne noblesse tourangelle.

Ils remontaient au xv° siècle jusqu'à noble homme Pierre de la Pivardière, écuyer, seigneur de Vineuil, qui, le 18 juin 1519, obtint des lettres de chancellerie pour contraindre ses débiteurs à lui payer les sommes dont ils lui étaient redevables.

Les la Pivardière portaient « d'argent à trois merlettes de sable une à une ».

En 1660, leurs titres furent déposés à la Généralité d'Orléans d'après les ordonnances de M. Colbert, contrôleur général des Finances, afin de faire connaître à Sa Majesté le nombre, les qualités et les armoiries des gentilshommes et des hommes nobles de son royaume.

Ils étaient moins favorisés par la fortune, et vivaient chichement du métayage de deux fermes dans leur petit fief du Plessis-Doray, qui dépendait de la Seigneurie de Poulaine.

Après avoir quitté le service des armées
du roi, M. de la Pivardière chassait à tir
le lièvre et la perdrix, et à courre le cerf, le
sanglier et le loup, quand ses riches voisins
qui avaient équipage l'y conviaient. Le reste
du temps, il se disputait avec ses métayers
et, par son humeur acariâtre, rendait la vie
difficile à sa femme. Dame Marie de Betoulet, absorbée par les devoirs d'une maîtresse de maison, qui doit beaucoup liarder.

L'enfance de Charles-Louis ressembla à
celle de tous les enfants de sa condition. Jusqu'à ce qu'il eût neuf ans, il grandit comme
il pouvait, sans que personne s'occupât de
lui, excepté son père, pour le fouetter,
quand il commettait quelque incongruité.
C'était d'ailleurs un bon petit garçon, un
peu pataud, haut en couleurs, pas plus bête
qu'un autre, ni plus intelligent, sentimental et plutôt rusé. Il avait le nez un peu de
travers, mais de beaux yeux doux et cares-
sants.

Quand il fut en âge de faire sa première communion, le curé prieur de Poulaines s'efforça de lui enseigner le rudiment et le catéchisme. Charles-Louis, plutôt que d'étudier, préférait jouer aux quilles avec les galopins du village. Et de ce fait il fut encore copieusement taloché par le curé prieur.

En février 1677, son père fut tué à la chasse par un sanglier, et quatre années après, la dame de la Pivardière, ayant pris froid au sortir de la messe, rejoignit son mari. Charles-Louis demeura possesseur des fermes et du domaine du Plessis-Doray.

Il vécut à peu près comme son père l'avait fait. Toutefois, il était plus sociable, et recherchait la société des femmes. A Chateauroux, à Romorantin et à Chatillon-sur-Indre, les salons de la meilleure société lui étaient ouverts ; il y allait souvent au bal. Pour s'y rendre, il montait à cheval, dès le matin, ses habits de fête roulés en paquetage derrière

la selle. Il chevauchait plusieurs heures sur
les routes d'herbe, descendait dans une auberge où il couchait après le bal, et le lendemain matin repartait comme il était
venu. Selon toutes les apparences il allait
bientôt épouser une de ses danseuses et continuer tout droit la lignée des « la Pivardière. »

Mais sa destinée biscornue en avait décidé
autrement. Charles-Louis n'était pas seulement sentimental ; il était aussi voluptueux.
Et la vivacité de son tempérament s'accompagnait d'une certaine disposition indo-
lente à rechercher les amours faciles.

A Châteauroux, dans l'auberge du Cygne
où il était descendu pour s'habiller avant
de figurer au bal costumé que donnait la
marquise de Létorière, il rencontra une petite comédienne qui jouait sur un théâtre
installé au champ de foire. Il soupa à côté
d'elle, manqua le bal de la marquise de Létorière, et le lendemain matin enleva la

petite comédienne au chariot de Thespis pour la conduire au Plessis-Doray dans une carriole qu'il avait louée.

Leurs amours durèrent trois mois, assez, pour que le scandale fût connu dans toute la contrée. Au bout d'environ quatre-vingt-dix jours la jeune femme commença de s'ennuyer à la campagne dans la compagnie d'un bon garçon simplet. Elle regretta ses oripeaux, la fantaisie brillante de sa vie hasardeuse et décampa un beau matin sans demander son reste pour rejoindre sa troupe qui séjournait à Issoudun pendant la Foire de Mai.

Charles-Louis en fut d'abord désolé. Après quelques jours il se consola et voulut reprendre le cours de son existence mondaine. Mais alors il s'aperçut que dans les salons on lui faisait grise mine. Les mères le trouvaient dangereux et éloignaient de lui leurs filles comme d'un pestiféré. Bientôt il demeura seul au ban de la société de la province, impossible à marier. Son avenir s'obscurcissait.

Heureusement qu'il avait une cousine à la mode de Berry ou plus exactement de Sologne qui s'appelait madame de la Guerinière.

C'était une haute personne d'allures masculines, veuve d'un ancien major qui était devenu contrôleur des Gabelles. Elle habitait à Romorantin et connaissait toute la noblesse de la province par cousinage ou relations. Elle en savait exactement les états de fortune et de naissance, jusqu'à Châteauroux, Blois et Orléans. On avait souvent recours à elle pour les mariages, et les épingles qu'elle touchait aux contrats augmentaient notablement ses revenus.

Apitoyée sur le sort de son petit cousin, piquée aussi dans son amour-propre de

marieuse, par les difficultés de l'entreprise,
elle résolut de s'occuper de lui, et commença par lui demander de venir la voir à
Romorantin. Charles-Louis, qui s'ennuyait
à périr dans la solitude du Plessis-Doray,
accourut aussitôt. Elle l'accueillit avec sa
brusquerie ordinaire, et d'abord lui décocha
qu'il était un maître sot...

« Qu'on avait le droit de faire des folies
« mais pas des bêtises; que du premier coup
« il s'était rendu impossible dans la Société
« de la province ; qu'aucune jeune fille ne
« voudrait les restes d'une Colombine de
« Foire et qu'il ne lui restait plus qu'à
« crever d'ennui dans son Plessis-Doray, à
« moins qu'il ne déchût dans les plus basses
« compagnies. »

Quand elle vit son cousin complètement
atterré par cette perspective sinistre, elle le
réconforta de son mieux.

« En raison de l'affection qu'elle portait
« à feu son père, elle voulait bien essayer

« de le repêcher en le mariant. Certes ce
« n'était pas facile. Elle en avait déjà tou-
« ché quelques mots à plusieurs personnes
« bien pensantes qui lui avaient demandé
« si elle perdait le bon sens. Cependant,
« comme il y a une Providence pour les
« pauvres d'esprit, elle avait eu l'occasion
« de le proposer à une certaine dame Mar-
« guerite de Chauvelin, veuve de Jacques
« de Menou, seigneur de Nerbonne, qui n'a-
« vait pas sursauté parce qu'elle avait eu
« l'occasion de le rencontrer à Châteauroux
« dans plusieurs salons, et le trouvait assez
« ragoûtant. »

Après quoi, elle invita son cousin à venir
dîner chez elle le jeudi suivant pour voir
la dame de Chauvelin et l'épouser ensuite.
Et puis elle le congédia.

Charles-Louis rentra au Plessis-Doray, et

jusqu'au mercredi soir, il demeura tiraillé par l'incertitude, en se demandant s'il irait dîner chez sa cousine. Le jeudi matin, comme il n'était pas capable de résister à une volonté forte, même de loin, il revêtit son plus bel habit de soie grise, mit une cravate de dentelle et des bottes fines... Après tout, cela ne l'engageait à rien. Si la dame de Menou ne lui plaisait pas, il serait toujours temps pour dire à sa cousine qu'il ne voulait pas l'épouser. Ainsi pensait-il tout en chevauchant sur les chemins d'herbe au travers des brandes et des bois.

Aux mêmes moments, la dame Marguerite Chauvelin de Menou venait de sortir de son lit, s'habillait dans le cabinet voisin de sa chambre à coucher et songeait au mari dont lui avait parlé madame de la Guerinière.

Elle habitait, pendant la plus grande partie de l'année, le domaine de Nerbonne, en Berry, dans la paroisse de Jeumaloche, mais de temps à autre, pour se distraire, elle venait passer quelques jours à Romorantin chez une de ses petites parentes. C'est ainsi qu'elle était entrée en relations avec madame de la Guerinière et la visitait souvent.

C'était une personne d'imagination. Elle avait composé quelques poésies dans le goût précieux, qu'elle avait fait imprimer à Châteauroux. Mais surtout elle excellait dans le genre épistolaire. On disait en Berry qu'elle égalait et même surpassait quelquefois madame de Sévigné.

Elle avait trente-neuf ans et en avouait trente-deux. Les hommes la trouvaient belle, de haute prestance. Les femmes prétendaient qu'elle avait un mauvais regard de chatte sauvage et que si elle ne se fardait pas autant, elle aurait un teint de navet.

Elle portait une haute coiffure dite à la Fontange. Son corsage pointu et son vertugadin de soie jaune bouffante garni de point d'Angleterre et de gros nœuds de ruban étaient à la mode de l'année précédente.

Quand elle entra dans le salon de madame de la Guerinière, plusieurs personnes y étaient déjà réunies. Il y avait le bailli et la baillive de la Milles, le chevalier de Danville, le baron et la baronne de la Tintellerie et le vidame Le Pipre de Tinques. M. de la Pivardière était en retard, selon son habitude. Madame de la Guerinière commençait à s'impatienter, et le manifestait en prisant beaucoup de tabac d'Espagne.

Enfin Charles-Louis arriva, s'excusant sur le mauvais état des chemins et, du premier coup d'œil, dame Chauvelin de Menou le jugea très propre à faire un mari.

On se mit à table immédiatement. Sa cousine l'avait placé à côté de la dame de Menou, mais il ne lui adressa pas la parole avant d'avoir achevé un consommé de pigeons relevé d'anis qui était un pur délice. Il faut dire, pour l'excuser, qu'il était parti de chez lui à sept heures du matin et qu'il avait fait huit lieues à cheval. Ses premiers mots furent pour louer le cuisinier de madame de la Guerinière. La dame de Menou le trouva un peu bien matériel, mais réserva son jugement définitif.

Après le potage, le premier service se composa d'une poularde en galantine, de cailles à la poêle et d'une terrine de filets de canards, tandis que le valet faisait circuler un certain Bourgueil 1653, chambré à souhait, qui valait son pesant d'or ; M. de la Pivardière y fit honneur et cela commença de lui éclaircir les idées. Alors il songea que sa « Destinée » était assise à côté de lui et le plus discrètement possible se mit à la dévisager. Il la jugea très souhaitable, mais il ne trouvait encore rien à lui dire. Enfin se souvenant qu'elle habitait dans le Berry, il lui parla de quelques personnes de la société berrichonne. Elle les connaissait et répondit avec agrément. Après le deuxième service qui comprenait une omelette à la Noailles, un ragoût de truffes vertes et un ragoût de queues d'écrevisses, accompagnés de vin de Vouvray, M. de la Pivardière se sentait tout à fait en confiance avec sa voisine, et lui avoua qu'il s'ennuyait beaucoup au Plessis-Doray.

Madame de la Guerinière le surveillait du coin de l'œil, craignant qu'il ne dît ou ne commît quelque inconvenance.

Il y eut encore des petits poulets à la cendre, et de la crème frite garnie de beignets de pêches et de ramequins.

Quand vinrent les sucreries, tout le monde était un peu échauffé, le jour commençait à baisser et il fallut allumer les chandelles. Dans cette lumière plus douce qui convient si bien aux blondes un peu fanées, Marguerite de Menou était toute à son avantage, et Charles-Louis se disait que sa cousine ne lui avait peut-être, pas fait tirer un mauvais lot à la loterie du sort.

Vers cinq heures, on se leva de table pour

passer au salon et boire des eaux d'angé-
lique, de coriandre, d'anis et de genièvre.
A la nuit tombant, les invités prirent congé
de leur hôtesse et rentrèrent chez eux, les
uns à Romorantin, les autres aux environs,
à cheval ou en voiture. M. de la Pivardière
baisa la main de la dame de Menou un peu
au-dessus du poignet. Cette main était
longue et blanche, parfumée d'ambre. Il y
laissa ses lèvres s'attarder un peu plus longtemps qu'il n'était nécessaire sans que la
dame de Menou parût s'en formaliser... Et
comme il embrassait madame de la Guerinière, celle-ci lui dit quelques mots à
l'oreille.

Ce soir-là Charles-Louis ne retourna pas
au Plessis-Doray parce que la nuit était sans
lune, et son cheval fatigué. Il coucha à Romorantin à l'auberge de la Gerbe d'Or et n'y
dormit guère. Les vins de Bourgueil et de
Vouvray auraient suffi à motiver cette insomnie, mais l'inquiétude de la décision à

prendre l'agitait surtout. Ne pouvant s'endormir il se leva et résolut de jouer son avenir à pile ou face, en jetant un louis d'or sur la cheminée : pile pour le mariage ; face pour le célibat. Mais il laissa maladroitement tomber la pièce de monnaie dans le feu et ainsi ne fut pas plus avancé. Quand les coqs commencèrent à chanter, il s'assoupit. Peu de temps après les chariots qui passaient dans la rue le réveillèrent.

Alors il s'habilla et s'encourut chez madame de la Guerinière pour la prier de demander en son nom la main de la dame de Menou. Ensuite, avec un peu d'hésitation, il lui dit qu'il s'en remettait à elle pour tout ce qui était des affaires d'intérêt, et il la pria d'agir ce jour même afin de ne pas laisser refroidir sa résolution. Avant de partir pour le Plessis-Doray, il viendrait chercher la réponse à sa requête.

La dame de Menou ne demandait en réalité qu'à dire « oui ». Le veuvage commençait à lui peser et Charles-Louis était de physique au moins agréable. Elle fit bien quelques minauderies, mais ce n'était que pour la forme.

Quand Charles-Louis vint lui rendre visite, elle le reçut avec une gentille confusion. Lui un peu embarrassé, ne sachant d'abord que faire, se décida à l'embrasser tout bonnement sur les deux joues.

Le mariage fut célébré le 12 novembre dans l'église de Poulaines. Les témoins pour le marié étaient le chevalier du Meez et la dame Germaine de Barbançon ; pour la mariée, madame de la Guérinière et le marquis de la Tour Dubreuil. Après la cérémonie il y eut un bal dans la cour du Château de Poulaines. Madame de la Pivardière et son mari l'ouvrirent en dansant ensemble la première contredanse. Le surlendemain, les deux époux partirent pour le domaine de Nerbonne, près de Jeumaloches que M. de Menou avait laissé à sa femme en héritage.

Comme M. de la Pivardière s'était marié sous le régime de la communauté des biens nobles et de tous les titres y appartenant, il devenait, par le fait, seigneur de Nerbonne.

II

Dans son petit manoir du Plessis-Doray,
M. de la Pivardière avait vécu de la vie simple et frugale habituelle à cette époque.
Jamais il n'avait pensé que sa femme lui
apporterait en dot un château des mille et
une nuits. Mais tout de même, en arrivant
à Nerbonne, après une longue chevauchée
sur les routins détrempés par la pluie, à travers les bois dépouillés et les brandes de
bruyères pourrissantes, il eut une surprise
désagréable.

Perdu au fond d'un vallon couvert de

châtaigniers et de noyers centenaires, le domaine de Nerbonne qui datait du xv° siècle,
était une ferme fortifiée plutôt qu'une
gentilhommière. Des fossés l'entouraient et
un pont-levis était accroché à la grand'porte
fermière. On le levait tous les soirs pour se
protéger des loups qui rôdaient autour de
la maison pendant les nuits d'hiver.

Au fond de la cour, il y avait un corps de
logis, bas, flanqué de deux tours, l'une carrée et l'autre ronde à deux étages qui comportaient des chambres hautes et des greniers. Un autre corps de bâtiment en
équerre servait d'écurie.

La dame de Menon avait sa chambre à coucher dans la tour carrée. C'était une grande
pièce avec alcôve et cheminée et deux fenêtres garnies de petites vitres verdâtres enchâssées dans du plomb. Sur le palier, une
autre chambre sans cheminée avait été préparée pour M. de la Pivardière afin qu'il y
dormît, quand il le voudrait. La cuisine, la

salle à manger et un petit salon en enfilade occupaient le corps de logis.

Toutes ces pièces étaient basses, plafonnées d'énormes poutres de châtaigniers noircies. En ce jour de la fin de novembre, à peine étaient-elles éclairées par les petites fenêtres en retrait dans l'énorme épaisseur des murs. Derrière, il y avait un jardin planté d'arbres fruitiers et au bout du jardin une petite chapelle dépendant d'un ancien prieuré. Le domaine se composait encore de trois cents bosselées de terre, de huit arpents de prés, du bois de la Ragonne, d'un arpent de vignes et d'un pacage en brandes, le tout donnant à peu près mil neuf cents livres de revenu.

La domesticité consistait en trois petites servantes dont les parents habitaient aux alentours, à Jeumaloche, à Heugnes et à Trompe-Souris. Elles avaient de quinze à dix-huit ans. La plus jeune, Juliette Risse, était la filleule de la dame de Menou, et paraissait lui être très attachée. Les deux autres, Juliette Mercier qui avait seize ans et Catherine Lemoine, qui venait d'en avoir dix-sept, semblaient plus farouches et un peu sournoises. On disait dans le pays qu'elles étaient sujettes à des convulsions. Marguerite Mercier et Catherine Lemoine couchaient dans le grenier de la tour carrée au-dessus des chambres de leurs maîtres. Juliette Risse dormait dans la cuisine qui était son domaine.

Quand M. et madame de la Pivardière arrivèrent à cheval devant la grand'porte, toutes les trois présentèrent à leurs maîtres le gâteau de bienvenue qu'on appelle les « échevées », avec un bouquet de fleurs de papier. L'heure du souper était venue et les deux époux s'attablèrent dans la salle à manger. Il y faisait froid et sombre, bien qu'elle fût éclairée par des chandelles et qu'un feu de noyer brulât dans la cheminée.

Le menu se composait d'une soupe aux

fèves, une poule cuite dans du maïs, de
châtaignes bouillies et du traditionnel gâteau de mélasse avec des noix cassées, dé-
nommé « calicant ». M. de la Pivardière,
mal accoutumé à cette friandise indigeste,
fut un peu souffrant pendant la nuit.

Ce premier hiver conjugal fut, si l'on
peut se permettre une pareille métaphore,
échauffé et éclairé par les rayons de la lune
de miel. Dans sa douce lumière, les diver-
gences de caractère n'apparaissaient pas encore. Ou du moins on s'efforçait si naturellement de se les dissimuler qu'il semblait
qu'elles n'existassent pas. C'était la période
charmante et ridicule des petits noms et des
grands baisers. On s'appelait mon « petit
bec », mon « mignon », ma « toute jolie »,
mon « puits d'amour », etc. On s'embrassait dans tous les coins, et quand on allait

faire les visites de noces dans les châteaux
du voisinage, on avait hâte de rentrer à Nerbonne pour être seuls à deux, délicieusement
seuls.

Cependant M. de la Pivardière, accoutumé
aux grands horizons clairs de la Sologne,
s'acclimatait mal au fond de ce vallon sauvage.

Et, sans se l'avouer, il commençait à s'ennuyer. Un soir, après le souper, les deux
époux étaient assis dans les grands fauteuils
de chaque côté de la cheminée où flambait
une branche de châtaignier. Entre eux le
chien de M. de la Pivardière dormait, et
parfois aboyait en rêvant. Le feu éclairait
assez pour qu'à sa lueur dansante, la dame
de la Pivardière pût lire tout haut le dernier
roman de madame de La Fayette qu'elle
venait de recevoir par le coche de Châteauroux. Cela s'appelait *la Princesse de Clèves*.

Et tout d'un coup la dame de la Pivardière entendit que M. de la Pivardière ron-

flait. Aussitôt elle cessa de lire ; il s'éveilla, se frotta les yeux, s'excusa. Mais ce fut la première note fausse dans la symphonie de leur bonheur conjugal.

Quelques jours après, M. de la Pivardière se sentant mal à l'aise, alla voir au village de Jeumaloche un sorcier rebouteux dont la réputation s'étendait dans toute la contrée. Le rebouteux, l'ayant palpé, lui dit qu'il souffrait de vapeurs hypocondriaques et que pour les dissiper, il fallait qu'il se donnât beaucoup de mouvement. Le lendemain, après dîner, M. de la Pivardière décrocha son fusil de chasse, siffla son chien et rentra à l'heure du souper. Dès lors, la dame de la Pivardière recommença d'écrire de longues lettres à ses amies.

Quand le printemps arriva les deux époux ne se voyaient plus guère qu'à table et ils ne trouvaient pas grand'chose à se dire. On s'appelait maintenant, « ma bonne amie », et « Louis » tout court. Les soirées devinrent

longues. Après souper M. de la Pivardière,
qui avait chassé toute la journée, se sentait
très alourdi, et malgré tous ses efforts, il
s'endormait dans son fauteuil en face de sa
femme qui lisait ou brodait en songeant
qu'elle n'était pas heureuse. Enfin neuf
heures sonnaient à la grande horloge de
noyer. Aussitôt Juliette entrait portant deux
chandelles. M. de la Pivardière s'éveillait. Sa
femme lui souhaitait une bonne nuit sur un
ton pincé, prenait un des chandeliers et entrait dans sa chambre. Quelques moments
après M. de la Pivardière grimpait dans son
pigeonnier. Sur l'escalier il rencontrait
quelquefois Marguerite Mercier et lui cares-
sait le menton. La petite servante en devenait toute pâle et n'en dormait pas de la
nuit.

Il faut dire aussi qu'entre la dame de la

Pivardière et son mari il y avait déjà plus
que des dissentiments. Il y avait le frère
Sylvain Charotz, prieur d'une petite communauté de religieux de l'ordre de Saint-
Augustin installée au fond des bois près de
Nerbonne, à Mizeray, sur la paroisse de
Heugne, dans un monastère qui datait du
xii° siècle. Il venait d'arriver de la maison
mère à Bourges, et la dame de la Pivardière
avait fait sa connaissance par une circonstance fortuite.

Ordinairement le vicaire de Jeumaloche
venait dire une messe tous les dimanches
dans la petite chapelle de Nerbonne. Un jour
il se trouva malade et l'abbé Pourcin, curé
de la paroisse, ne pouvant quitter son église,
la dame de la Pivardière eut l'idée de s'adresser au prieuré de Mizeray pour demander si
un religieux ayant reçu les Ordres pourrait
venir officier à Nerbonne. Le prieur Frère
Sylvain Charotz s'offrit. Il revint tous les
dimanches et la dame de la Pivardière prit

l'habitude de l'inviter à dîner après qu'il avait dit sa messe.

C'était un homme très cultivé, qui appartenait à l'une des premières familles de « robe » de la province. Son père avait été président à mortier en Parlement, et son frère occupait la charge de lieutenant civil au présidial de Bourges. Le frère Sylvain avait d'ailleurs commencé sa carrière dans la « robe ». Pourquoi était-il entré dans les Ordres? Il n'en disait rien, et la dame de la Pivardière était trop bien élevée pour le lui demander, d'autant plus que ce mystère auréolait le prieur d'un je ne sais quoi très attrayant. La nature lui avait encore donné une physionomie pensive, des yeux noirs pleins de feu qu'il tenait ordinairement baissés, et quand il les relevait, jetaient des flammes. Mince et droit dans sa robe blanche, il faisait vraiment figure romanesque. La dame de la Pivardière se forgea la conviction qu'il était entré dans les Ordres à

cause d'un grand chagrin d'amour. Peu à
peu elle embellit son histoire de nouveaux
traits, et ce petit roman lui occupait tellement l'imagination qu'elle ne pensait plus à
se trouver malheureuse. Il est bien entendu
qu'elle n'en confia rien à M. de la Pivardière. Elle le jugeait de plus en plus loin
d'elle, enfoncé dans une basse matérialité,
et elle l'avait, à peu de chose près, rayé de
son existence.

Lui, d'ailleurs, ne s'en souciait pas ou
peu. Au fond, il était même assez content
de n'avoir plus besoin de se tracasser l'esprit pour converser avec sa femme. Elle prenait en l'écoutant un petit air dédaigneux
qui le glaçait et pour éviter cela, il avait
adopté le parti de lui parler le moins possible.

Lorsque la langue lui démangeait, il ba-
vardait avec les petites servantes ou les gens
du pays. Les dimanches après-midi, il allait à
Jeumaloche jouer aux boules à l'auberge de

l'*Épi d'Or* chez Mauchaussée. Pendant ce temps-là la dame de la Pivardière et le prieur de Mizeray conversaient de littérature et de philosophie, et peut-être encore d'autres choses plus particulières, en se promenant dans le jardin ou dans les bois qui entouraient le domaine. M. de la Pivardière ne s'en inquiétait pas parce qu'il n'était pas jaloux de sa femme. Il n'était pas jaloux d'elle parce qu'il ne l'aimait plus. Et il ne l'aimait plus parce qu'il ne l'avait jamais aimée.

Au printemps de cette année il arriva que la guerre faite par les armées du Roi aux Impériaux, dans le Palatinat, prit une assez mauvaise tournure. Après plusieurs victoires coûteuses nos effectifs se trouvaient fort diminués. L'armée du prince de Baden comptait cent soixante-dix mille hommes et l'armée française, commandée par le maréchal

duc de Choiseul, à peine cent mille. Les ennemis avaient reprit Ehrenburg, passé la Nahe
et menaçaient d'entrer en Alsace. Il fallait
renforcer les régiments par des enrôlements
volontaires... ou involontaires, et faire de
nouveaux officiers pour encadrer les recrues.
M. Le Tellier poussa le roi à convoquer l'ar-
rière-ban de la noblesse, qui se composait
des gentilshommes ayant moins de quarante ans, et de sept quartiers. Par son mariage, M. de la Pivardière étant devenu seigneur de Nerbonne, entrait dans cet arrière-
ban. C'est pourquoi il reçut, un beau matin,
la visite du lieutenant de la maréchaussée de
Chatillon-sur-Indre, qui lui apportait l'ordre de se rendre le plus tôt possible à Metz
où l'attendait un brevet de lieutenant, dans
le régiment des Dragons de Sainte-Hermine.
M. de la Pivardière fut d'abord très surpris.
On s'inquiétait peu, dans le Bas Berry, de ce
qui se passait sur la frontière du Rhin. La
Gazette de France, qui venait quelquefois à

Châteauroux, ne se répandait pas dans les campagnes. Et puis, la guerre se faisait si loin! Les combattants étaient des soldats de métier, étrangers pour la plupart. Quelques garçons du pays, à Châtillon, Villedieu et Buzençay s'étaient laissés empaumer par les sergents recruteurs. Mais c'était de mauvaises têtes dont le village ne demandait qu'à se débarrasser. Et personne, sans excepter leurs parents, ne s'intéressait à leur sort.

D'ailleurs, à cause du manque de communications, le pays de France n'était encore qu'un agrégat de bailliages qui s'ignoraient les uns les autres. Et « bailliage » est encore beaucoup dire. Le patriotisme ne dépassait pas le clocher du village.

M. de la Pivardière ne s'était jamais soucié de l'armée du Rhin avant de recevoir la visite du lieutenant de la maréchaussée de Chatillon-sur-Indre. Mais l'appel du Roi lui fouetta le sang. Il était de race militaire. S'il man-

quait de volonté et d'initiative, le courage
physique ne lui faisait pas défaut. Il avait
toutes les qualités requises pour un bon officier de bas grade, sans grande responsabi-
lité. D'ailleurs, à Nerbonne, il s'ennuyait de
plus en plus, dans son triste manoir, et sitôt
après la visite du lieutenant de maréchaussée, il résolut joyeusement de se mettre
en route, dès le lendemain matin vingt-qua-
trième jour d'avril. Quand il annonça cette
détermination à sa femme, la dame de la
Pivardière envisagea immédiatement que
son mari lui enverrait des nouvelles de l'armée en campagne et qu'elle aurait ainsi
matière pour écrire à ses correspondants des
lettres aussi intéressantes que celles de la
marquise de Sévigné. Peut-être songea-t-elle
aussi qu'elle serait libre de voir à son gré le
Prieur de Mizeray.

Au petit jour M. de la Pivardière monta à
cheval dans la cour de Nerbonne. Il était encore en habit civil, mais déjà il avait pris

dans l'allure quelque chose de martial. Devant la porte de la cuisine, les deux petites servantes, Catherine Lemoine et Marguerite Mercier, pleuraient à chaudes larmes, Marguerite sanglotait même d'une façon excessive, toute prête à tomber en pamoison. La dame de la Pivardière en toilette de nuit parut à sa fenêtre.

M. de la Pivardière prit encore le coup de l'étrier, c'est-à-dire qu'il avala un grand verre de vin blanc que Juliette lui porta, et puis il ôta son chapeau pour saluer sa femme qui agita son mouchoir. Après quoi il piqua des deux et partit au trot sur le chemin de Jeumaloche, et puis de Pellevoisin. Vers midi il arriva à Châteauroux. Le soir, il coucha à Issoudun, et le lendemain soupa à Cosne. Ainsi par le Nivernais, la Bourgogne et le Bugey, il atteignit la Lorraine et, deux semaines plus tard, il entrait dans Metz par la porte de France.

Pendants trois jours, il baguenauda dans
la ville pour s'acheter un matériel de campagne et se faire lever un habit d'uniforme
chez le maître drapier de la garnison,
c'est-à-dire une veste bleue doublée de
rouge à parements noirs, une culotte blanche et des bottes demi-hautes. La coiffure
ordinaire était un bonnet de feutre noir à
longue queue. Pour la parade, un chapeau
gris bordé d'argent.

Dès que le maître drapier lui eut fait porter cette fourniture à l'hôtel des Trois Rois,
M. de la Pivardière se costuma et mira avec
complaisance dans la glace à trumeau au-
dessus de la cheminée. Malheureusement il
ne pouvait s'y voir qu'à mi-corps. Ensuite
il alla se promener sur la place d'Armes où
la musique du Royal Infanterie donnait un
concert. Il se sentait allégé, tout guilleret.

rajeuni, comme au seuil d'une vie nouvelle.
La dame de-la Pivardière, le prieur de Mizeray et le lugubre domaine de Nerbonne s'ef-
façaient dans un brouillard. M. de la Pivardière lança quelques œillades aux dames
de Metz, et en recueillit d'autres. Le lendemain matin il se présenta au Quartier Général pour y recevoir son brevet de lieutenant,
et s'entendre dire qu'il devait se rendre immédiatement au camp d'Offenbourg, près
de Landau, où le gros de son régiment était
en campagne.

Après une chevauchée charmante à travers l'Alsace, il arriva le jeudi matin dans la
plaine d'Offenbourg, où le camp était dressé.
D'abord il alla saluer le marquis de Villars,
maître de cavalerie qui commandait le camp.
Ensuite il fit visite au comte de Sainte-Hermine, colonel de son régiment. M. de Sainte-
Hermine le reçut très aimablement, le présenta lui-même à ses deux mestres de camp,
MM. Chamarande et de Vaudray et ses deux

majors, MM. de Saint-Pater et de Quercado. Ces messieurs lui indiquèrent la tente qu'il devait occuper avec un autre lieutenant, M. Le Dal de Tromelin. Et comme l'heure du dîner était venue, il fut invité à la table des officiers supérieurs qui était dressée dans une tente proche de celle de M. de Villars. On lui posa quelques questions courtoises, et pour lui faire honneur on but du vin de Champagne. Le soir il soupa avec les bas officiers, jusqu'au grade de major, dans une tente plus écartée. Le souper fut arrosé d'un vin gris qui vient de Lorraine.

Il prit son service dès le lendemain. Son compagnon de tente lui avait prêté un petit livre traitant de la conduite des officiers en campagne, et lui donna quelques conseils pratiques. Le surlendemain il passa la première revue de son détachement. Pendant les premiers jours il commit diverses bévues et puis peu à peu il entra dans le courant.

Ainsi pendant six mois fut-il très heureux.

Il faut regretter, pour sa gloire, qu'il ne prît part à aucune grande action. Mais ce ne fut pas par sa faute. Autour du camp, la guerre se faisait en escarmouches pour des fourrages ou des attaques de convois. Pourtant il y avait là, réunis auprès d'Offenbourg, les meilleurs régiments de cavalerie de l'armée du duc de Choiseul : les dragons de Sainte-Hermine, ceux de Lestorade, le Royal Cavalerie et les Houzards de Bercheny. Mais il semblait que le maréchal-duc voulût ménager ces troupes magnifiques. Dieu sait pourquoi. En tout cas le marquis de Villars n'en décolérait pas. Même un jour, il eut une impatience qui faillit lui coûter son commandement et compromettre sa carrière.

Le seul fait d'armes un peu important de la campagne avait été l'attaque du village de Bruhl, occupé par les Impériaux, en deçà de la petite rivière de Dille. Elle avait pleinement réussi et les ennemis avaient repassé la rivière en fuite désordonnée. Le marquis

de Villars, qui s'était mis à la tête du Royal
Cavalerie, ordonna de les poursuivre et
d'achever leur défaite sur l'autre rive. Mais
alors M. de Breteche accourut en estafette du
quartier général de Reparschau pour porter
à M. de Villars la défense de continuer la
poursuite, sous prétexte que les derrières de
l'armée n'étaient pas assurés. M. de Villars
entra dans une colère épouvantable et lança
à ses régiments l'ordre de passer la rivière.
Heureusement qu'il se ravisa presque aussitôt, avant de donner ce funeste exemple d'in-
discipline et il donna contre-ordre. A ce
moment il se trouvait au bord de la rivière,
et il y avait en face de lui un détachement
de l'arrière-garde ennemie commandé par
M. de Vaubonne. Alors M. de Villars mettant
ses mains en porte-voix lui cria à pleins poumons :

« Bonsoir, monsieur. Dites-vous bien qu'il
ne tient pas à moi que vous ne soyez mon
prisonnier. C'est Villars qui vous le dit ! »

Sur quoi, M. de Vaubonne le salua très poliment et s'en fut au galop avec ses hommes.

M. de la Pivardière vit cela. Il eut encore le bonheur d'assister à une visite que le Roi fit au camp pendant son voyage d'Alsace. Il avait avec lui Madame la duchesse de Bourgogne et plusieurs princesses. On donna d'abord un carrousel où M. de la Pivardière figura à son avantage. Le Roi s'amusa aussi à faire voir aux dames tous les détails d'un camp ; il les fit assister à un petit combat de convoi où quelques hommes furent blessés. Ensuite, avec les princesses, il collationna à Reperschau, au quartier général du maréchal duc de Choiseul. M. de la Pivardière et quelques autres officiers qui s'étaient fait remarquer au carrousel furent invités à venir voir manger le Roi et les personnes du sang royal.

Quelques semaines après, trop tôt à son gré, la paix de Ryswick termina la campagne et les exploits militaires de M. de la

Pivardière. Dès lors, les effectifs du temps
de paix étant plus que suffisants, les officiers
de complément devinrent inutiles. Le dernier coup de canon fut tiré sur le Rhin le
6 octobre 1694 ; M. de la Pivardière l'entendit avec mélancolie. D'ailleurs, dans le
camp, la tristesse était générale. Excepté
quelques officiers de Cour, tous ces hommes
vivaient de la guerre. Ils en aimaient les
risques autant que les agréments. La paix
signée, ils se trouvaient désemparés.

Le 20 novembre, jour anniversaire de son
arrivée à Nerbonne, l'année précédente,
M. de la Pivardière se retrouva en vue des
toits de tuiles et des girouettes grinçantes de
sa gentilhommière qu'il distinguait au travers des châtaigniers dépouillés par l'hiver.
Une petite angoisse l'étreignit. Quand il entra dans le bois de la Ragonne, il entendit

que son chien aboyait et aussitôt il le vit
accourir, la queue frétillante. Cela lui ré-
chauffa un peu le cœur. Les deux servantes
sortirent de la maison et vinrent à sa rencontre. Catherine s'écria :

— Messire notre Maître ! voilà messire !

Marguerite se mit à pleurer. M. de la Pivardière, sans s'attarder à la consoler, sauta
de cheval et demanda :

— Où est ma Dame ?

Catherine lui répondit avec un embarras
qu'elle exagérait peut-être volontairement :

— Notre Dame est sortie tout à l'heure
pour aller se promener avec Messire le prieur
de Mizeray.

M. de la Pivardière entra dans sa maison
de fort méchante humeur. Il monta dans sa
chambre, se nettoya un peu, et quand il
redescendit trouva dans la salle sa femme
qui l'attendait. Les deux époux s'embras-
sèrent du bout des lèvres. Évidemment, le
cœur n'y était plus. M. de la Pivardière eut

l'impression singulière de se trouver en face d'une dame étrangère qui habitait dans sa maison.

Le dimanche suivant, le prieur de Mizeray vint dîner à Nerbonne. Il fit à M. de la Pivardière mille amitiés et compliments sur ses exploits militaires. Charles-Louis lui répondit fraîchement. D'ailleurs il n'avait pas l'art de conter et surtout lorsqu'il ne se sentait pas en confiance, il avait comme on dit, un bœuf sur la langue. Sitôt le dîner fini, il s'encourut à Jeumaloche et toute l'après-midi il joua aux boules chez Mauchaussée avec les jeunes gens du village. Cela le rasséréna. Il aimait leur familiarité respectueuse, leur simplicité et leur bon sens. Parmi eux, il se trouvait chez lui. Il revint à Nerbonne la nuit tombée, et fut aussitôt repris par cette tristesse confuse qu'on appelle maintenant « le cafard ».

Bientôt des soucis matériels vinrent encore l'aggraver. Après la guerre, le Trésor se trouva vide et pour le remplir M. de Seignelay, contrôleur des Finances, proposa au Roi de lever des taxes nouvelles sur les biens des nobles, exempts jusqu'alors.

La dame de la Pivardière jeta les hauts cris, accusa le ministre d'incompétence, de prévarication, et devint tout à fait acariâtre. Le fait est qu'il était désormais à peu près impossible aux personnes nobles, peu fortunées, de vivre en gardant leur rang. Sur un revenu de douze cents livres le fisc en percevait à Nerbonne près de cent vingt, et en même temps, par un phénomène naturel, le prix des denrées augmentait.

Pour soulager les charges de sa maison et aussi s'en évader, M. de la Pivardière voulut reprendre du service dans quelque garnison sur la frontière. Il écrivit à M. Le Tellier, secrétaire d'État pour la guerre, en lui offrant son épée. Mais dans toutes les administrations, le mot d'ordre était au resserrement et à l'économie. Les effectifs étant réduits

aux squelettes du temps de paix, il n'y avait
plus de place pour les officiers de complément. M. de la Pivardière, pressé d'argent,
se résigna à vendre une des deux fermes
jouxtant le Plessis-Doray. Il choisit celle de
la Croix-Mion. On se demandera pourquoi
sa femme n'avait pas aliéné l'une des métai-
ries qui composaient le domaine de Nerbonne. Elle était dans un état d'esprit si
épineux que M. de la Pivardière, redoutant
les jérémiades, les reproches et toutes les
méchancetés qu'une femme aigrie par les
soucis d'argent peut décocher au mari
qu'elle n'aime plus, préféra prendre sur son
bien.

A Romorantin où il avait affaire avec son
notaire pour la vente de la Croix-Mion, il
eut l'idée d'aller voir sa cousine de la Guérinière et de lui demander conseil.

Elle avait entendu parler de ses difficultés

conjugales, mais elle eut la délicatesse de ne pas y faire allusion. Quand il lui eut exposé ses ennuis matériels, elle réfléchit un moment, se leva, alla s'asseoir devant un secrétaire, trempa dans l'encre une plume d'oie et se mit à couvrir un morceau de papier jaune d'une haute écriture. Après qu'elle eut fini, elle plia le papier, alluma une chandelle, fit chauffer un bâton de cire et apposa sur le pli un cachet aux armes de la Guérinière qui sont de « sable à trois bâtons de gueule ». Elle revint ensuite vers son cousin, lui tendit la lettre et lui dit d'aller, de ce pas; voir un certain messire de la Joncière, de lui donner cette lettre et ensuite de s'expliquer avec lui.

Messire Martinet de la Joncière était un gros homme, tout content de vivre, qui tenait à Romorantin la fonction d'Administrateur du Terrier.

Le Terrier est une sorte de cadastre des Biens Nobles qui centralise « les reconnais-

« sances données aux seigneurs par leurs
« vassaux ou tenanciers, comportant expé-
« dition en bonne forme, de toutes les dé-
« clarations de baux à cens, des limites de
« Justice ou Dimerie, le dénombrement des
« droits de la terre tant utiles qu'honori-
« fiques, la description, l'étendue, les con-
« fins des héritages qui en dépendent et gé-
« néralement de toutes les redevances et
« devoirs dus à un seigneur. »

Afin d'asseoir plus solidement les nouvelles taxes, M. de Seignelay avait prescrit
aux intendants des provinces de faire reviser
très strictement le Terrier, et pour ce travail
on manquait de commis ; aussi M. Martinet
de la Joncière put-il promettre à M. de la
Pivardière de s'occuper de lui et lui donner
de fortes espérances. Il revint à Nerbonne
et quelques jours après reçut sa nomination
au grade de premier commis à l'Administration du Terrier dans le Bailliage
d'Auxerre, en Bourgogne. Le traitement

était de deux mille livres par an. M. de la Pivardière l'accepta avec enthousiasme et sa femme n'y fit aucune objection. D'ailleurs Auxerre n'est éloigné de Narbonne que par quarante-cinq lieues de pays.

Toutefois, M. de la Pivardière, pour masquer sa dérogation aux coutumes nobiliaires de ses ancêtres, ne voulut pas encanailler son nom dans un emploi de gratte-papier ; il décida qu'il prendrait à Auxerre le nom de du Bouchet, qui lui appartenait d'ailleurs, et qu'il l'écrirait en un seul mot, sans particule, pour mieux l'embourgeoiser. Ainsi faisaient les gentilshommes qui, par permission du Roi, accrochaient leur épée pour se livrer au commerce.

III

La ville d'Auxerre est bâtie en amphithéâtre sur un coteau qui domine la rivière d'Yonne. Au-dessus de la ceinture grise des murailles, les toits de tuiles rouges brunis par le soleil escaladent la colline, et forment comme un tapis sur lequel sont posés les clochers et les tours des trois églises, Saint-Étienne, Saint-Eusèbe, et Saint-Germain.

Le sieur Dubouchet de la Pivardière traversa le Grand Pont un soir de printemps à l'heure où le soleil, se couchant en joie dans une poussière d'or, embrasait les vitraux de la cathédrale et dorait ses vieilles pierres.

Ainsi dominant la ville, elle paraissait une châsse précieuse. Le long du quai Saint-Nicolas et sur le pont, grouillait la vie joyeuse d'un soir de printemps. Il semblait que tous les habitants fussent dehors. C'était d'ailleurs un jour de marché, et dans leurs carrioles, les cultivateurs et les vignerons revenaient en chantant vers les campagnes environnantes.

Le sieur Dubouchet de la Pivardière entra dans la ville par la porte Fécaud, poussa son cheval le long de la rue du Pont et par la rue du Puits-des-Dames rejoignit la rue Chante-pinot, où se trouve l'hôtel du *Grand Monarque* qui lui avait été recommandé. Dès qu'il arriva devant la grand'porte, le cuisinier maître d'hôtel sortit et vint le saluer, son bonnet à la main. Un garçon d'écurie prit la bride de son cheval. M. de la Pivardière entra dans l'hôtel. A vrai dire le célèbre « Grand Monarque » ressemblait beaucoup à une auberge. A droite il y avait un office,

à gauche une porte sur laquelle était écrit
« Salle », au fond un escalier de bois ciré.
M. de la Pivardière passa tout de suite dans
la salle, une grande pièce nue, les murs
couverts de boiseries brunes. Sur une longue table de bois les assiettes d'étain étaient
alignées. Assis sur les chaises à hauts dos-
siers, tout le long de la table, il y avait déjà
quelques convives, apparemment des marchands. M. de la Pivardière s'assit et attendit
patiemment que la servante rapportât le
potage. C'était une bisque d'écrevisses.
Vinrent ensuite un plat de faisandeaux, un
pâté de perdrix, un plat de bœuf piqué aux
concombres, et deux compotes, l'une de
prunes grillées et l'autre de poires braisées.
Enfin, des tartes, darioles et oranges con-
fites... Le vin était un vin du pays qui s'appelle le vin de Migraine. Il a la couleur d'un
vin doré et un bouquet qui rappela à M. de
la Pivardière les vins du Berry. Le prix du
repas était de deux livres.

Quand il eût fini de souper, M. de la Pivardière se demanda ce qu'il allait faire avant d'aller au lit. Il était fatigué par son voyage, mais le vin de Migraine le tenait éveillé. La tête un peu échauffée, il sortit sur le pas de la porte, vit que la lune commençait à paraître, et voulut pousser une reconnaissance dans la ville qui allait devenir le théâtre de sa destinée.

A cause de la lune, le lanternier n'avait pas allumé dans les rues les lanternes pendues au bout d'une corde, et sous le ciel bleuté, les pignons des maisons de bois s'alignaient comme des châteaux de cartes. Excepté dans la rue du Temple où quelques bourgeois se promenaient avant de s'aller mettre au lit, la ville était complètement déserte et silencieuse.

Cependant, dans une maison de la rue Galante, quelqu'un chantait une vieille chanson bourguignonne :

I t'airai

Ma brunette

I t'airai

Oui ma foué

Si n'tai pas i m'en irai

A la guerre en Dauphiné

Si n'tai pas i mettrai

Mai chmises mai chmisoles

Si n'tai pas i mettrai

Mai chmisoles su mon gilet.

I t'airai

Ma brunette

I t'airai

Oui ma foué

I t'airai

Ou ben i mourrai

M. de la Pivardière écouta la chanson et puis, songeur, continua sa promenade. Il descendit des rues tortueuses, en remonta d'autres. Tout en déambulant il essayait de pénétrer son destin et n'y arrivait pas. Seulement il pressentait nettement qu'il entrait dans une vie nouvelle et que son mariage n'était plus qu'une aventure du passé. Que lui réservait l'avenir ? comment serait faite celle qu'il aimerait ?

Au loin, il entendait encore le chanteur, dans le grand silence de la ville endormie :

I t'airai
Ma brunette
I t'airai
Oui ma foué
Si n'tai pas i m'en irai
A la guerre en Dauphiné.

. . . .

Dix heures sonnèrent à une horloge, et puis à d'autres. Les sons tombaient comme des gouttes sur le sommeil de la ville endormie. Une voix glapit : « Bourgeois, rentrez chez vous ». C'était le couvre-feu. On fermait les portes de la ville et devant certaines rues on tendait des chaînes. M. de la Pivardière, tiré de sa rêverie, se hâta de revenir au *Grand Monarque* pour ne pas être happé par le guet qui allait faire sa ronde, mais il ne reconnut pas son chemin. Et personne à qui le demander. Enfin il se retrouva dans la rue Chantepinot.

L'Hôtel du *Grand Monarque* était complètement endormi. Il dut frapper longtemps sur le heurtoir avec l'anneau de la porte cochère jusqu'à ce qu'un valet, qui se frottait les yeux, vînt lui ouvrir, lui donnât une chandelle, et le conduisît à sa chambre qui portait le numéro 1 au premier étage. C'était la plus belle de la maison. Le prince de Condé y avait couché la semaine précédente en se rendant à Dijon. Elle était lambrissée de bois gris bordé de filets bleus. Sur la cheminée il y avait une glace en deux parties. Le lit était colossal, à colonnes et baldaquin ; il y avait encore deux grands fauteuils de tapisserie, une table de noyer sur pieds tournés et une grande armoire magnifiquement sculptée dans le style bourguignon. Sur une mauvaise planche fixée au mur, une petite terrine et un pot de grès plein d'eau servaient aux ablutions.

M. de la Pivardière se dévêtit rapidement, rangea ses effets en bon ordre sur le bras

d'un fauteuil et se coucha entre les draps de
fine toile qui sentaient la lavande. Ensuite,
il moucha sa chandelle, fit une courte prière
et s'endormit aussitôt.

Le lendemain était un dimanche. M. de la
Pivardière fut réveillé par le valet qui lui
apportait son coffre arrivé le matin de Cosne
par la voiture publique. Il mit son meilleur
habit, descendit dans la salle à manger, demanda une aile de caneton froid avec une
bouteille de vin de Migraine et, s'étant ainsi
lesté, pria qu'on lui indiquât le chemin de la
plus proche église où sonnait la grand'messe.
Il n'avait qu'à suivre la rue des Trois-Fon-
taines, et quelques minutes après se trouva
sous le porche d'une très ancienne basilique
datant de l'époque romane. M. de la Pivardière se souciait d'architecture à peu près
comme de sa première chemise. Il remarqua

seulement, dans une cellule grillée, sous le porche, une espèce d'être humain, vêtu de bure et encapuchonné, qui tendait entre les barreaux une main gantée et gémissait pour demander l'aumône. On ne voyait sous la cagoule que ses yeux rougis et purulents. M. de la Pivardière donna quelques deniers tournois au misérable lépreux et entra dans l'église. Elle était déjà pleine et le sermon venait de commencer. Dans la chaire, un religieux vêtu d'une robe blanche avec une pèlerine noire prêchait sur le ton monotone de mélopée qui était de mode à cette époque au théâtre et en chaire. M. de la Pivardière s'assit à l'extrémité d'un banc et commença par ne pas écouter le sermon. Au reste, personne ne l'écoutait ; des gens chuchotaient, en parlant de leurs petites affaires ; un enfant pleurait ; d'autres jouaient dans l'allée entre les bancs. C'était vraiment la maison du Bon Dieu où chacun se trouve comme chez soi.

A côté de M. de la Pivardière était assise une jeune fille qui suivait attentivement l'office dans son livre d'Heures. Elle était habillée comme une bourgeoise aisée, c'est-à-dire d'un corsage de velours à pointes et d'une jupe de soie noire couverte d'un tablier de satin rouge bordé par un galon d'argent. Elle portait au cou une Croix de Jeannette en or enrichie de petits diamants, et elle était coiffée d'un bonnet de dentelle enrubanné.

M. de la Pivardière, par un sentiment de curiosité mêlé de discrétion, s'ingénia à dévisager sa voisine sans attirer son attention.

Il eut la surprise de la trouver charmante : les joues fraîches, la bouche en fleur. Ses yeux baissés avaient des longs cils noirs. Un moment après elle les leva et ils parurent lumineux, tendres et gais.

Pendant toute la seconde partie de la messe, elle ne parut faire aucune attention à son voisin, dit seulement quelques mots à une grosse dame corpulente assise auprès d'elle, qui était probablement sa mère. Après le dernier évangile, elle se leva et passa devant M. de la Pivardière en s'excusant d'une douce voix chantante avec un joli accent de terroir.

Après son départ, il se trouva tout décontenancé et il eut l'impression de tomber dans le vide. Il revint dîner au Grand Monarque et, ensuite, commença de s'ennuyer. Que faire un dimanche, dans une ville inconnue ? Il était fort peu sensible à la beauté des monuments et ne lisait jamais. Lourdement désœuvré, il fit comme au camp d'Offenbourg, c'est-à-dire qu'il s'étendit sur son lit, s'endormit, et s'éveilla vers quatre heures de relevée.

Alors il s'alla promener n'importe où, devant lui. Il remonta la rue Chantepinot, tomba dans la rue du Temple et se trouva à l'entrée d'un jardin public où les bourgeois

de la ville se pressaient autour d'un mât sur-
monté d'un petit oiseau empaillé sur lequel
tiraient des Arbalétriers. Ayant questionné
un badaud complaisant, il apprit que la cor-
poration des chevaliers de l'Arbalète venait
s'évertuer là tous les dimanches. Leur maison corporative était d'ailleurs édifiée au
bout du jardin. Le concours d'honneur avait
lieu une fois par an à la fête de saint Maurice,
patron des soldats, et les récompenses va-
laient la peine d'être encourues, puisque celui qui atteignait l'oiseau douze fois de suite
était exempté de payer les impôts pendant
toute sa vie.

Tandis que Dubouchet regardait s'escri-
mer les arbalétriers, trois jeunes filles arrivèrent vers lui en se tenant par la main.
Elles chantaient dans la douce lumière du
soleil qui déclinait à l'horizon une chanson
dont chacune à son tour disait un couplet :

Si tu voulais ma chère amante
Je parlerais de ce qui me tourmente.

> Parlez tout bas, mon cher ami,
> Car si mon père nous entendait
>   Nous serions pris.
>
> A peine ensemble je nous trouvions
> Que l'alouette fit entendre sa chanson.
> Vilaine alouette, voilà bien de tes tours.
> Mais tu mens, tu nous chantes le point du jour,
>   C'est pas encore minuit.
>
> Ah si l'amour prenait racine,
> J'en planterais par toute ma vigne,
> J'en planterais dans mon jardin
>   Aux quatre coins.
>
> Et j'en donnerais à ceux câlins,
>   Qui n'en ont point...

Les jeunes filles reprirent en chœur le dernier couplet. Si M. de la Pivardière avait connu l'histoire de Roméo et de Juliette, il n'aurait pas été plus surpris. Celle qui marchait entre les deux autres était sa jeune fille de l'église.

Elle le reconnut, dit un mot à l'oreille de ses compagnes et toutes les trois se mirent à rire. Un peu vexé, M. de la Pivardière salua les trois rieuses et voulut dignement quitter le jardin.

Hélas, il ne put ! L'amour le clouait déjà sur place.

Les trois demoiselles firent encore un tour de promenade et puis repassèrent devant lui et s'engagèrent dans la rue du Temple. M. de la Pivardière les suivit. Dès à présent il ne s'appartenait plus. Au coin de la rue des Murs, une des demoiselles s'arrêta devant une porte, embrassa ses deux compagnes et rentra dans la maison. La seconde tourna le coin de la rue des Grandes-Fontaines, et la jeune fille de l'église demeura seule, continuant son chemin sans tourner la tête ; mais elle voyait aussi clairement que s'il était devant elle, qu'un galant marchait sur ses pas. Elle traversa une petite place, au fond de laquelle il y avait une auberge portant l'enseigne parlante d'un *Cerf Volant* peint sur une tôle qui se balançait au bout d'une longue tige de fer.

Au-dessous de l'enseigne des panonceaux annonçaient qu'un huissier habitait dans la maison.

La jeune fille entra tout de go dans l'auberge. Ladite auberge étant un lieu public, M. de la Pivardière se crut autorisé à l'y suivre.

Il se trouva dans une grande salle mal éclairée par des fenêtres à petits carreaux de verre épais. Cependant, dans le demi-jour, il distingua un buffet-dressoir, une table de bois, des bancs le long de la table et une grosse dame qu'il reconnut pour l'avoir vue à l'église. Elle appela « Marie-Élisabeth » qui lui dit : « Bonjour, maman », et ainsi Dubouchet apprit-il du même coup le nom de son aimée et qu'elle était la fille d'un aubergiste. Il n'en fut pas enchanté, mais pas marri non plus. Tout de suite il pensa que les filles d'auberge étant ordinairement de conquête facile, il aurait vite mené à bout cette petite aventure.

Tandis qu'il réfléchissait ainsi, l'hôtesse lui demanda rudement ce qu'il voulait. Dubouchet de la Pivardière retrouva sa présence d'esprit pour répondre qu'il était étranger à la ville et voudrait savoir si on pouvait lui donner à souper. — « Pourquoi pas, s'il avait un demi-écu dans son gousset? » Il prit place à table. Plusieurs jeunes gens arrivèrent peu à peu et s'attablèrent. Ils étaient commis chez les marchands de la ville ou bien gratte-papiers. On mangeait assis sur des bancs, et la chère ne valait pas, à beaucoup près, celle du *Grand Monarque*. C'était de la lourde nourriture, graisseuse, sans apprêt. Mais Dubouchet la trouva délicieuse parce que Marie-Élisabeth apportait les plats et virait autour de la table.

Huit jours après, Charles-Louis Dubouchet était follement amoureux de Marie-Élisabeth Pillard.

En lui apparaissaient l'un après l'autre tous les symptômes de la grande passion. C'est-à-dire l'insomnie, l'inappétence, la fièvre et le détachement de tout ce qui n'était pas Marie-Élisabeth ; loin d'elle, la mélancolie ou l'inquiétude ; près d'elle, un bonheur anxieux.

Dès le lundi matin, il s'était rendu au bureau du Terrier, sis au Palais de Justice, et il y avait pris contact avec ses nouvelles fonctions. Elles consistaient surtout en inspections dans les domaines qui dépendaient du bailliage d'Auxerre afin d'y relever exactement dans quelles conditions les terres et vignobles étaient affermés. Cette vie active convenait parfaitement au sieur Dubouchet parce qu'elle lui permettait de faire de longues chevauchées dans la campagne, en pensant à Marie-Élisabeth. Il dînait ordinairement dans des auberges proches des terres qu'il recensait, et revenait souper à l'auberge du *Cerf Volant*. Il continuait à coucher à l'Hôtel du *Grand Monarque* parce que toutes les chambres étaient occupées chez la Pillard.

Un matin, au Tribunal du Bailliage, il fit la connaissance du père de son aimée, le sieur Pillard, huissier royal. C'était un grand bonhomme décharné qui avait l'air d'un polichinelle tourné à l'aigre. Il était de complexion maladive, souffrait du cœur et de l'estomac.

Dès l'abord Dubouchet l'avait trouvé odieux ; heureusement Pillard ne paraissait jamais au *Cerf Volant*. Il en partait le matin dès le potron-minet pour aller instrumenter en ville ou en campagne, revenait le soir, soupait dans une petite salle particulière et affectait de se désintéresser des affaires de l'auberge.

Après un mois, Dubouchet était tout à fait familiarisé avec la Pillard et les clients de la table d'hôte, mais il n'avait pas avancé d'une ligne dans ses affaires de cœur. Au contraire, Marie-Élisabeth ne paraissait le distinguer des autres pensionnaires que parce qu'elle était beaucoup moins aimable pour lui.

Elle ne lui souriait jamais en le regardant, et quand il lui disait quelque amabilité ou seulement quelque politesse, elle lui répondait très sèchement. Il s'en désolait et pour cela l'aimait de plus en plus. Il était horriblement jaloux de ses commensaux parce qu'elle plaisantait volontiers avec eux, mais elle ne leur laissait pas toucher le bout de sa robe.

Dubouchet, jour et nuit, ne songeait plus qu'à elle. Pour la première fois de sa vie, il était pris par le vrai amour, celui qui ne pardonne pas. Et dans une obsession douloureuse, il lui venait sans cesse à l'esprit le couplet de la chanson qu'il avait entendue le soir de son arrivée :

I t'aurai
Ma brunette,
I t'aurai
Oui ma foué,
I t'aurai
Ou ben i mourrai.

Un samedi soir, à bout de souffrances, il résolut de jouer son va-tout. Il passa toute la nuit à rédiger une lettre pour Marie-Élisabeth, ou plutôt à recommencer dix fois la même lettre. Le pauvre garçon n'était pas épistolier. Le style lui était aussi rebelle que l'orthographe. Et c'était la première lettre d'amour qu'il écrivait. Enfin, à la pointe de l'aube, il avait rédigé ceci : « Je vous « aime et je suis bien malheureux. Si vous « m'aimez un peu, venez demain dimanche « à trois heures de relevée au Jardin de l'Ar- « balète. Si vous ne venez pas, vous ne me « reverrez plus. »

Il signa *Dubouchet*, plia et cacheta.

Le soir pendant le souper, quand Marie-Élisabeth passa derrière lui en le frôlant, il

lui glissa la lettre dans la poche de son tablier. Elle ne parut pas s'en apercevoir et il
eut encore une nuit très agitée.

S'il avait su que Marie-Élisabeth ne dormait pas non plus! Dès qu'elle fut remontée
dans sa chambre, elle s'y enferma, tira de sa
poche la lettre de Dubouchet, la lut et la
relut jusqu'à ce qu'elle la sût par cœur. Alors
elle la déchira en petits morceaux, qu'ensuite elle éparpilla en les jetant par la fenêtre.

Elle s'était aperçue depuis longtemps
que Dubouchet était amoureux d'elle. Elle
en était flattée, un peu émue, pas plus,
comme peut l'être une enfant de dix-sept
ans. Elle trouvait Dubouchet joli garçon, et
qu'il avait dans ses manières, je ne sais quoi
qui le distinguait des autres pensionnaires.
Même une fois, elle avait dit à sa mère qu'il
avait tout à fait l'air d'un gentilhomme, mais
c'était une honnête fille qui avait le cœur
et le jugement très droits. Elle n'avait ja-

mais songé à devenir sa maîtresse, pas plus
qu'à l'épouser. Il était étranger au pays.
Elle savait par son père que la situation de
Dubouchet au Terrier était médiocre et qu'il
pouvait être déplacé d'un jour à l'autre. A
cette époque-là on ne se mariait pas au
hasard, parce que quand on était marié,
c'était pour toujours...

Pour toutes ces raisons, Marie-Élisabeth,
ce dimanche matin, était fermement décidée
à ne pas aller dans l'après-midi au Jardin
de l'Arbalète. Et pourtant elle y alla. Elle
n'aurait pas su dire pourquoi. Mais sait-on
jamais pourquoi on fait les choses ?...

Ce qu'ils se dirent ce dimanche-là, et ce
qu'ils se dirent encore le dimanche suivant
et puis encore le dimanche d'après fut certainement si banal, si usé que, même s'il en
était resté trace dans les archives, ce ne
serait pas la peine de l'écrire. Seulement on
sait qu'un matin, le sieur Pillard, huissier
royal, entra brusquement dans le bureau

du Terrier où grossoyait le sieur Dubouchet.
Celui-ci se leva aussitôt pour lui faire honneur, et lui demanda poliment ce qui lui
valait le plaisir de sa visite. L'huissier paraissait très échauffé, et d'un ton péremp-
toire, lui intima qu'il devait désormais
prendre ses repas ailleurs qu'au *Cerf-Volant*.
Comme l'autre réclamait des explications,
Pillard, vert de colère, ajouta qu'il avait cor-
rigé sa fille comme elle le méritait, et que si
Dubouchet, tournait encore autour des
jupes de Marie-Élisabeth, il pouvait s'attendre à une volée de coups de bâton dont
on parlerait dans Auxerre. Sur quoi le sieur
Pillard sortit du bureau, laissant l'amoureux Dubouchet humilié et pantois.

S'il avait été capable de raisonner, Dubouchet de la Pivardière se serait dit que
la Providence lui tendait un doigt secou-

rable pour le détourner d'une aventure qui pouvait le mener plus loin qu'il ne le prévoyait. Mais on sait que l'amour et la raison ne cheminent pas de compagnie.

Vers le soir, il rôda autour du *Cerf-Volant*, dans l'espoir que Marie-Élisabeth en sortirait ou qu'il pourrait la voir à travers les petits carreaux verdâtres. Tout ce qu'il aperçut, ce fut le sieur Pillard, huissier royal qui rentrait chez lui, ce qui l'obligea de s'aller cacher derrière la porte cochère de la maison voisine. Était-ce digne d'un de la Pivardière qui portait « de sable aux trois merlettes une à une »?

Au *Grand Monarque* il passa une nuit atroce et la suivante ne fut pas meilleure. Le surlendemain dimanche, il espéra que Marie-Élisabeth viendrait au jardin de l'Arbalète. Mais il l'attendit vainement toute la journée.

Sans doute, l'empêchait-on de sortir. Comment lui faire parvenir une lettre, et que lui dire dans cette lettre ? Consentirait-elle à le voir en cachette de ses parents ? Cependant il était désormais certain qu'il ne pouvait pas vivre sans elle.

Et ce n'était pas seulement parce qu'il la désirait. Il était entièrement possédé d'elle, corps et âme. On s'étonnera peut-être qu'un la Pivardière ait pu s'éprendre à tel point de la fille d'un aubergiste. Mais d'abord Marie-Élisabeth était charmante et très supérieure aux filles de sa condition par une certaine hauteur d'âme qui se lisait clairement dans ses yeux. Il faut penser aussi que ces gentilshommes terriens étaient fort près du peuple et qu'enfin, l'amour frappe où il veut.

M. de la Pivardière était au dernier point du désespoir lorsqu'un matin, après une longue nuit d'insomnie, au sortir d'un court sommeil, une idée lui vint. Il fit effort pour l'éloigner ; elle revint, persistante. Et encore il la repoussa.

C'était une folie! La religion, l'honneur, la loi s'y opposaient, et le risque à courir était mortel.

Aussitôt la série subtile des » Pourquoi pas » se glissa dans son entendement.

Si on ne le savait pas ! Comment le saurait-on ? Dans Auxerre il n'était connu que sous le nom de Dubouchet. Personne n'y soupçonnait « la Pivardière ». D'Auxerre à Nerbonne, il y a trois journées de voyage, aucune communication directe. Du reste, la dame de la Pivardière, très occupée par le prieur de Mizeray, ne se souciait pas de lui. Valait-il mieux se laisser mourir de chagrin que de courir la chance d'être heureux ? Dans toutes ces perplexités, Dubouchet oubliait seulement qu'il allait entraîner Marie-Élisabeth aux plus graves complications, bouleverser à fond son existence. Mais plus l'amour est fort, plus il est égoïste et impitoyable.

La rencontre qu'il fit le lundi suivant

d'un des commensaux de la table d'hôte du
Cerf Volant, acheva d'emporter sa volonté
chancelante. Ayant questionné ce jeune
homme avec une indifférence affectée, il apprit que Marie-Élisabeth paraissait triste
et souffrante. Elle ne plaisantait plus avec
les pensionnaires ; souvent ses yeux étaient
rouges comme si elle avait beaucoup pleuré
et elle ne sortait pas de la maison. Sa mère
lui parlait très durement. A table d'hôte on
se demandait pourquoi.

Dès lors, Dubouchet n'hésita plus à
franchir le fossé qui sépare le bon sens de
la folie. Et par une malice de la nature qui
montre bien comment nous sommes les
pauvres jouets aveugles de la destinée, il ne
se sentit jamais plus allègre qu'au moment
de se lancer dans l'abîme. Ce matin-là il
s'habilla en chantonnant :

I t'aurai
Ma brunette
I t'aurai ou ben mettrai
Mes chmises sur mai gilets

Et il courut plutôt qu'il ne marcha vers l'auberge du *Cerf Volant*.

Dans la salle, il y avait par extraordinaire le sieur Pillard qui buvait du vin blanc « à la boule ». C'est un remède réputé infaillible en Bourgogne et en Nivernais contre toutes les maladies des poumons, du cœur, de la rate et de l'estomac. On fait bouillir du vin blanc avec une boule d'acier, et l'on boit aussi chaud que possible. C'est simple et radical. Certaines gens préfèrent la toile d'araignée bouillie dans le vin. Mais le sieur Pillard en tenait pour « la boule ». Ainsi combattait-il les douleurs cardiaques et les suffocations qui l'avaient tenu éveillé toute la nuit. On peut penser de quelle humeur il était. Quand il aperçut Dubouchet, il se leva et courut vers lui menaçant.

— Qu'est-ce que vous venez faire ici ?

Dubouchet lui répondit tout de go qu'il venait lui demander la main de sa fille.

Et encore, pour toute réponse, le sieur Pillard leva sa canne.

Dubouchet eut bien envie de la lui arracher et de le contre-bâtonner. Mais il se contint pour l'amour de Marie-Élisabeth.

Quand il eut passé la porte et se trouva dehors sur la place, il commença par se demander s'il irait se jeter dans la rivière d'Yonne ou s'il se passerait son épée au travers du corps. Il lui vint aussi à l'esprit de mettre le feu à l'auberge du *Cerf Volant*, et dans le désarroi de l'incendie, d'enlever Marie-Élisabeth. Mais aucune de ces solutions ne le satisfaisait pleinement. Le matin suivant, bien résolu que cette journée serait la dernière qu'il vivrait, il se rendit tout de même à son bureau du Terrier. Il était homme de discipline, malgré les excès de sa sentimentalité.

La première nouvelle qu'il apprit fut celle
de la mort du sieur Pillard, subitement
étouffé dans la nuit par des vapeurs qui
s'étaient formées dans sa veine cardiaque.

Dubouchet en fut saisi, mais il n'en
éprouva naturellement aucune peine. Il se
demanda si, par cet accident, le ciel n'avait
pas voulu punir le sieur Pillard de son mé-
chant accueil, et dès lors, ne songea plus à
se jeter dans la rivière d'Yonne.

La cérémonie funèbre fut accomplie le
surlendemain dans l'église Saint-Eusèbe, au
milieu de l'indifférence générale. L'assis-
tance était nombreuse parce que les Pillard
tenaient une bonne place dans la petite société bourgeoise d'Auxerre, mais personne
n'y regrettait le vieil huissier royal.

Dubouchet n'avait pas été convié à la cérémonie par le crieur public, coiffé de crêpe,

qui allait de porte en porte faire les invitations. Mais il ne manqua pas d'y assister. Et ensuite, il suivit jusqu'à leur dernière demeure les restes de son vieil ennemi, porté à bras sur un palanquin par quatre sergents du bailliage.

Ainsi pendant deux heures il put contempler Marie-Élisabeth. Elle avait une coiffe de deuil et un grand voile noir derrière lequel on ne voyait que la fleur de ses lèvres et ses yeux gonflés de larmes.

Jamais Dubouchet ne l'avait trouvée aussi jolie. Quand le sieur Pillard fut définitivement rendu à la terre, les parents et les amis de la famille revinrent à l'auberge du *Cerf Volant* où, suivant la coutume bourguignonne, sa veuve offrait une petite collation à ceux qui l'avaient assistée dans cette pénible circonstance.

Dubouchet se mit à leur suite et pénétra dans la salle avec la plus vive émotion.

Personne ne parut faire attention à lui.

Les assistants buvaient du vin blanc en mangeant de la tarte aux prunes. Quand ils avaient fini, avant de s'en aller, ils embrassaient la veuve Pillard et Marie-Élisabeth.

Dubouchet, après s'être restauré, s'approcha d'abord de la dame Pillard avec un peu d'hésitation. Comme si elle avait oublié tout ce qui n'était pas son chagrin, elle lui ouvrit les bras et l'embrassa sur les deux joues en sanglotant. Dès ce moment Dubouchet lui voua une tendresse éternelle. Il alla ensuite vers Marie-Élisabeth, tout tremblant sur ses jambes ; mais la jeune fille qui le vit venir se recula pour éviter son baiser. Alors éperdûment, il lui bredouilla quelques paroles confuses dont le sens était :

— Je vous aime... voulez-vous être ma femme ?

A quoi elle ne répondit que par des pleurs.

Dubouchet attendit encore deux jours, par convenance, deux jours fiévreux, mais traversés par des lueurs d'espoir. Le troisième matin, il revint au *Cerf-Volant*.

La veuve Pillard, reprise par le train-train de la vie quotidienne, était dans sa cuisine et épluchait des pommes de terre. Quand elle vit Dubouchet, elle se reprit à sangloter. Il commença par lui dire quelques mots de condoléances et la laissa s'apaiser. Lorsqu'elle eut essuyé ses yeux, il lui demanda la main de sa fille.

La veuve Pillard, qui était prévenue par son feu mari des intentions de Dubouchet, ne parut pas très surprise. Seulement, elle manifesta beaucoup d'embarras, ne dit ni oui ni non, demanda à réfléchir. Enfin, elle finit par lui faire de graves objections.

— Qui était-il? D'où venait-il? Quels

« avantages apporterait-il à sa femme? Com-
« bien de temps resterait-il encore à Au-
« xerre? Est-ce que le Terrier ne l'enverrait
« pas un jour ou l'autre dans quelque poste
« éloigné? C'était la dernière volonté de feu
« Pillard que Marie-Élisabeth n'épousât pas
« un étranger. Sa veuve ne lui désobéirait
« pas plus après sa mort qu'elle ne lui avait
« désobéi de son vivant. »

Dubouchet lui jura d'abord que jamais il
ne quitterait Auxerre, qu'il considérait désormais comme sa vraie patrie. Sur ses origines il avait déjà préparé un petit roman
qu'il débita avec l'accent de la vérité.

« Né à Paris dans la paroisse Saint-Sul-
« pice, de parents pauvres mais respecta-
« bles, orphelin à seize ans, il avait pris du
« service à Metz dans le régiment des dra-
« gons de Sainte-Hermine. Il y était resté
« quatorze ans jusqu'à ce qu'il eût atteint
« le grade de sergent major. Il l'avait quitté
« pour raison de santé. En récompense de ses

« servcies, M. de Louvois lui avait accordé
« cette place dans l'Administration du
« Terrier. Il gagnait deux mille livres par
« an et dans quelques mois espérait en avoir
« trois mille. »

La veuve Pillard ne douta pas un moment
de sa sincérité. Émue par ses protestations
d'amour pour sa fille, elle lui fit la proposition suivante :

« Mon pauvre défunt m'a laissé par suc-
« cession sa charge d'huissier. Comme je
« n'ai pas de fils et comme mon neveu est
« déjà pourvu, il faut que je la vende. Vou-
« lez-vous l'acheter ? Elle vaut six mille
« écus et mon défunt gagnait au moins
« mille écus par an. Vous voyez que l'af-
« faire ne serait pas mauvaise. En plus, vous
« seriez fixé à Auxerre et Pillard n'aurait
« plus rien à dire puisque sa fille épouserait
« un Auxerrois.

Dubouchet en fut d'abord un peu étourdi
et cela se conçoit. Un la Pivardière huissier !

Qu'en penseraient, dans leurs tombes, ses nobles aïeux ? Mais pour épouser Marie-Élisabeth, que n'aurait-il pas bravé ? Au point où il en était, une folie de plus ou de moins ne comptait pas. Pour s'éviter la souffrance de réfléchir avant de prendre sa décision, il résolut d'accepter immédiatement les propositions de la veuve Pillard.

Cependant il lui représenta qu'il n'avait pas assez d'argent liquide pour payer immédiatement la charge du défunt, mais qu'il pouvait vendre une petite ferme dont il avait hérité dans le pays de Sologne. Il lui payerait le reste de sa créance en billets qu'il rembourserait à échéance sur les gains de sa charge.

La Pillard accepta et lui permit d'aller embrasser Marie-Élisabeth.

Après qu'il eut vendu, par l'entremise de

son notaire à Romorantin, la petite terre des
Fossés, les bans furent publiés et le mariage
fut célébré un mois après dans l'église Saint-
Eusèbe, par M. Coursier, curé prieur de la
Paroisse. Le prieur n'avait fait aucune objection relative à l'origine de Dubouchet.
Charles-Louis avait été le voir et l'avait en-
jôlé par l'étalage de ses bons sentiments
chrétiens pour lui faire accepter les mensonges indispensables aux formalités du mariage.

Voici l'acte de l'état civil relevé sur les
registres de la paroisse de Saint-Eusèbe. Il
donne un aperçu des « scapinades » de Dubouchet :

« Ce jourd'huy dernier jour d'avril 1695,
« après la publication d'un ban et la décla-
« ration de se pourvoir de la dispense des
« deux autres bans et ladite dispense obte-
« nue sans opposition, nous soussigné,
« prieur curé dudit Saint-Eusèbe, avons lié

« et conjoint par le sacré lien du mariage
« honorable homme Louis Dubouchet, na-
« tif de Paris, fils de feu honorable homme
« Antoine Dubouchet, bourgeois de ladite
« ville de Paris, et de feue honneste femme
« Marguerite Mercier, paroisse Saint-Sul-
« pice d'une part, et honneste fille Marie-
« Élisabeth Pillard, fille de feu maître Fran-
« çois Pillard, huissier royal, et d'honneste
« femme Marie Caillant, ses père et mère,
« de cette paroisse, d'autre part. Les bans
« n'ont pas été publiés dans ladite paroisse
« Saint-Sulpice de Paris en ayant eu dis-
« pense à cause que le dit sieur Dubouchet
« a esté pendant quatorze ans consécutifs
« dans le service et armées de Sa Majesté.

« Ledit mariage célébré en présence des
« soussignés :

Louis DUBOUCHET, Marie-Élisabeth
PILLARD, Marie CAILLANT, CAILLANT,
MOREAU, PILLARD, Catherine PILLARD,
L. MERAT, COURCIER, prieur curé.

Quelques semaines après Dubouchet, ayant fait enteriner ses lettres de créance auprès du Tribunal du Bailliage d'Auxerre, commença d'exercer sa charge d'huissier. Il reste aux Archives de la ville plusieurs actes signés de lui et payés ordinairement six écus neufs.

Les registres de la paroisse de Saint-Eusèbe mentionnent encore qu'il eut, dans l'année suivante, deux enfants, dont un ne vécut pas.

« Ce lundi, 15 janvier mil six cent quatre-
« vingt-dix-sept, a été baptisé Jacques, né
« du même jour de maître Louis Dubouchet,
« huissier royal, et de Marie-Élisabeth Pil-
« lard, sa femme et légitime épouse ; le
« parrain, maître Jacques Marie, chirur-
« gien, et la marraine, Louise Merat, les-
« quels ont signé. . . . .

. . . .

« Ce mardi, huitième d'octobre mil six
« cent quatre-vingt-dix-sept, a été baptisée

« et enterrée le même jour, dans l'église de
« cette paroisse, Marie-Élisabeth, fille de
« Louis Dubouchet, huissier royal, et d'hon-
« neste femme, Élisabeth Pillard, sa femme
« et légitime épouse ; le parrain, maître
« Germain, procureur au bailliage et siège
« présidial d'Auxerre, la marraine, hon-
« neste femme Caillant, veuve de maître
« François Pillard, huissier royal, et ont si-
« gné . . . .

. . . .

Ainsi l'on voit comment du Bouchet de
la Pivardière, bigame et chargé de fonctions officielles, était installé à quarante
lieues de son domaine de Nerbonne. Cependant, par une dernière prudence, craignant que la dame de la Pivardière n'eût
la curiosité de savoir ce qu'il faisait à
Auxerre, il lui avait écrit qu'il renonçait
à l'administration du Terrier et reprenait
du service à Metz dans son ancien régiment

des dragons de Sainte-Hermine. Un camarade complaisant, qui était resté au régiment, se chargeait de renvoyer à la dame de la Pivardière les lettres fantaisistes que Dubouchet lui adressait d'Auxerre.

Pendant deux ans, Dubouchet, que sa conscience ne bourrelait pas, connut le bonheur dans le crime.

Et puis, dans son ciel bleu, les nuages apparurent sous la forme éternelle des difficultés d'argent.

On les suit très nettement à la dépression qui se manifeste peu à peu dans sa signature, dont l'écriture se vulgarise et s'énerve.

Il habitait à l'auberge du *Cerf Volant* et, comme feu son beau-père, laissait sa belle-mère s'occuper de l'auberge. Mais il n'avait pas voulu que Marie-Élisabeth continuât à aider sa mère et parût dans la salle aux heures des repas. Dépités, la plupart des pensionnaires avaient quitté le *Cerf Volant* pour s'en aller rue du Pont, aux *Deux Barbeaux*, où l'hôtesse avait des filles coquettes et même, disait-on, faciles. D'ailleurs, Marie Caillant vieillissait et sa cuisine s'en ressentait. La maison tombait presque à rien.

En même temps, la vie renchérissait à Auxerre, comme partout en France. Une supplique des prisonniers de la ville, rédigée par Dubouchet aux fins de demander « humblement » au bailli d'augmenter d'une livre par jour l'indemnité qui leur était allouée pour leur nourriture, parce qu'ils mouraient de faim, témoigne de cette gêne croissante.

Enfin Dubouchet ne réussissait pas dans sa nouvelle profession d'huissier. Il y manquait du « je ne sais quoi », de professionnel. Et puis les Auxerrois qui n'aiment pas les étrangers préféraient porter leurs affaires aux huissiers natifs du pays.

Dans l'été de l'année 1698, le bigame se trouva incapable de payer à l'échéance les billets qu'il avait souscrits à sa belle-mère pour l'achat de sa charge. Marie Caillant le lui reprochait avec aigreur. Marie-Élisabeth, fatiguée par ses deux maternités successives, tiraillée entre sa mère et son mari, pleurait et devenait nerveuse.

C'est alors que Dubouchet songea que la mi-août était l'époque où les métayers de Nerbonne acquittaient leurs fermages. Depuis deux ans, il ne les avait pas touchés, puisqu'il n'était pas revenu chez lui. Il calcula que le 15 août sa femme, — la Dame de la Privardière, — recevrait deux mille livres dont mille livres lui revenaient, puisqu'ils s'étaient mariés sous le régime de la communauté des biens. Cela valait le voyage.

Après avoir réfléchi, autant que le lui permettait l'inconsistance de son caractère, il résolut de partir pour Nerbonne, d'y arriver à l'improviste, comme s'il venait de Metz, d'y passer la journée et de repartir le lendemain pour Auxerre, lesté de ses mille livres.

N'étant jamais à court de mensonges, il raconta à Marie-Élisabeth qu'il allait en Touraine pour vendre une petite ferme qui lui restait de son héritage. Elle le crut, parce qu'elle avait en lui une entière confiance. Le 12 août, dès l'aube, il quitta Auxerre, à cheval. Il était en habits civils, mais dans son paquetage il avait roulé, sans que Marie-Élisabeth le sût, son uniforme de lieutenant de dragons. Il coucha la première nuit à Cosne, à l'auberge de l'*Étoile du Nord*. Là, il changea de vêtements et laissa son accoutrement bourgeois pour le reprendre au retour.

IV

Ce 15 août 1698, fête de Notre-Dame, il
y avait grand souper au château de Nerbonne pour fêter l'anniversaire de la Dame
de la Pivardière. Plusieurs gentilshommes
des environs avaient été invités : le sieur et
la dame de Préville, le sieur et la dame de
Langeay, la dame du Meez et son fils, le
sieur Dupin et le prieur de Mizeray qui avait
amené son cuisinier Claude Regnault pour
aider la petite Juliette Rissay à préparer le
repas.

Dans le pays, on glosait sur la liaison de

la dame de la Pivardière et du prieur de Mizeray. On y parlait aussi de la disparition de M. de la Pivardière que l'on croyait d'ailleurs dans son régiment des Dragons de Sainte-Hermine. Mais c'était là un sujet brûlant que l'on n'avait garde d'aborder dans une réunion de bonne société, pendant un repas succulent arrosé des meilleurs vins du terroir. Dans tout le Bas Berry, il était entendu que M. de la Pivardière ne s'accordait pas avec sa femme et qu'il s'était discrètement éclipsé pour la laisser libre de commercer à son aise avec le prieur de Mizeray. Ainsi tout était pour le mieux dans le meilleur des mondes, et personne n'en tenait rigueur à l'aimable maîtresse de maison dont la table était réputée jusqu'à Loches et Châteauroux.

Tout d'un coup, dans l'échauffement d'une conversation générale un peu montée de ton par l'effet ordinaire du vin de Bourgueil, la servante Catherine Mercier entra précipitamment. Elle paraissait très émue et criait :

— Dame, dame ! c'est Messire, voilà Messire !

L'animation des convives se glaça subitement ; mais la dame de la Pivardière, très maîtresse d'elle-même, se ressaisit aussitôt et se levait pour aller au devant de son mari lorsque M. de la Pivardière ouvrit la porte de la salle à manger.

Son uniforme était poussiéreux comme celui d'un homme qui a fait une longue route à cheval sur les grands chemins, en plein été, et son visage luisait, enluminé par la chaleur, peut-être aussi par l'émotion.

De l'air le plus naturel du monde, la dame de la Pivardière l'embrassa comme si elle l'avait quitté la veille, et elle le gronda gentiment de ne pas l'avoir prévenue de son arrivée.

Tous les invités lui firent mille grâces en le félicitant de son heureux retour. Mais le prieur de Mizeray se distingua par la chaleur de ses protestations. Même on trouva généralement qu'il exagérait. Il voulut absolument lui céder la place d'honneur qu'il occupait en haut de la table. M. de la Pivardière refusa de l'accepter et s'assit à côté de sa femme. Cela provoqua une allégresse générale. On but à la santé des époux enfin réunis. Cependant, quelque chose sonnait faux dans la joie de ce repas de fête. Malgré ses efforts, la dame de la Pivardière n'arrivait pas à cacher sa préoccupation ; elle répondait distraitement, semblait ailleurs. M. de la Pivardière buvait beaucoup, sans doute parce qu'il avait soif, mais il ne s'égayait pas et paraissait chercher dans le vin une excitation et un encouragement. Quand on entama les sucreries, il y avait dans la salle une atmosphère vraiment pesante.

Après souper, vers neuf heures, on fit un petit tour dans le jardin à la lueur mourante du crépuscule d'été. Le prieur de Mizeray avait entrepris M. de la Pivardière, ne le quittait plus, affectant la joie de retrouver un ami très cher.

Vers dix heures, les invités prirent congé de leur hôtesse et s'en furent, les uns dans leur carrosse, les autres à cheval. Le prieur de Mizeray, qui n'avait qu'une demi-lieue à faire pour rentrer au prieuré en traversant les bois et le village de Trompe-Souris, partit à pied, accompagné de son cuisinier qui tenait une lanterne pour l'éclairer sur le chemin.

M. de la Pivardière resta seul avec sa femme et pendant un moment ils se regardèrent sans rien trouver à se dire, ce qui se conçoit facilement.

Enfin Charles-Louis, songeant à Marie-Élisabeth et aux difficultés d'argent dans lesquelles il l'avait laissée à Auxerre, prit son courage à deux mains. Il dit à sa femme qu'il était venu pour la voir, mais aussi pour recueillir la part qui lui revenait dans les fermages du domaine de Nerbonne. Il lui donna comme prétexte que la vie était devenue très chère à Metz depuis quelque temps et qu'il avait été obligé à de grands frais auxquels sa solde ne suffisait plus.

Sur quoi la dame de la Pivardière, comme par enchantement, se métamorphosa en furie.

« Il avait tort de la prendre pour une
« sotte. Elle consentait à faire figure d'é-
« pouse abandonnée, mais ne voulait pas
« jouer le rôle ridicule d'une femme dupée.
« Elle savait fort bien que depuis longtemps
« il n'était plus à Metz. On l'avait vu à
« Auxerre le mois dernier se promener avec
« une jeune femme. C'est probablement à
« cette gourgandine qu'il voulait porter
« l'argent des fermages de Nerbonne. Mais
« elle s'y opposait absolument, et s'il per-
« sistait, elle l'invitait à prendre garde à sa
« colère. »

Étourdi par ces révélations, effrayé de ce visage courroucé, qu'il ne connaissait pas encore, M. de la Pivardière demeura décontenancé. Et tandis que la dame de la Pivardière s'en allait à pas martelés, il resta un moment planté sur place en se demandant ce qu'il allait faire.

Pour se donner le temps de réfléchir, il pensa que le plus raisonnable parti à prendre était d'abord de s'aller coucher. Le lendemain matin il aviserait après que la nuit lui aurait porté conseil. Il prit dans la cuisine une chandelle qu'il alluma et monta dans la chambre qu'il occupait jadis. On y avait mis sécher des châtaignes et des noix et le lit n'était pas défait.

Là, tout d'un coup, M. de la Pivardière se sentit singulièrement déprimé. Cette chambre où il avait vécu, lui parut étrangère et même hostile, ainsi que tout à l'heure la dame de la Pivardière. Il n'avait aucune envie de s'y coucher et s'assit dans un fauteuil auprès de la fenêtre. Malgré sa perplexité, le vin de Bourgueil aidant, il ne tarda pas à s'assoupir.

Vers trois heures du matin, les coqs chantèrent et il se réveilla. Après un moment de confusion, il retrouva ses esprits et fut aussitôt repris de l'inquiétude qui l'avait empêché de se mettre au lit. Les menaces de la dame de la Pivardière lui revinrent à la mémoire, amplifiées par le grand silence de la nuit. Que savait-elle au juste? Pensait-elle seulement qu'il avait une liaison à Auxerre, ou bien avait-elle connaissance de son mariage? Dans les deux cas n'allait-elle pas probablement, pour éclaircir les choses, faire enquêter à Auxerre, et ainsi découvrir la vérité?

Pour la première fois, M. de la Pivardière se rendit compte, dans quelle folle aventure il s'était engagé. Maintenant, qu'il n'était plus aveuglé par sa passion pour Marie-Élisabeth et se trouvait en face du péril menaçant, la peur lui étreignait l'estomac. La bigamie est un crime punissable de mort et il sentait sur sa nuque le froid de la hache. Le mieux qu'il pouvait espérer de la bonté du Roi était de ramer sur ses galères jusqu'à ce qu'il en mourût.

Enfiévré par ses lugubres imaginations, il se leva et résolut de repartir immédiatement pour Auxerre. Là, du moins, il serait en sûreté, jusqu'à ce que l'orage éclatât, et pourrait prendre les mesures nécessaires pour s'en garer : la fuite probablement, avec Marie-Élisabeth et ses enfants. Quant à ses fermages, il y renonçait, trop heureux de sauver sa tête en quittant Nerbonne, sans revoir la dame de la Pivardière.

Il prit son manteau et son épée, ouvrit avec précaution la porte de sa chambre en évitant de faire grincer la serrure, et descendit l'escalier sur la pointe des pieds. Quand il se trouva dans la cour, la lune était couchée et la nuit très noire. Il alluma une lanterne sourde et entra dans l'écurie pour seller son cheval.

Mais alors, par une méchanceté du sort, décidément tracassier, il s'aperçut que l'animal était tombé boiteux en s'écorchant le paturon contre un clou dans les bat-flancs de la stalle. Il ne fallait pas songer à l'utiliser.

La Pivardière demeura un moment étourdi. Heureusement qu'il avait beaucoup de ressources dans l'esprit. Puisqu'il ne pouvait s'en aller à cheval, il résolut de partir à pied pour aller rejoindre le coche de Châteauroux qui passe à Buzençay, à environ trois lieues de Nerbonne. Une fois à Châteauroux, il trouverait une voiture publique qui le mènerait à Issoudun et puis à Cosne et à Auxerre.

Pour faire trois lieues à pied il est malaisé

de porter un lourd manteau et des bottes. M. de la Pivardière se souvint qu'il avait remarqué dans la chambre où il avait sommeillé une paire de chaussures légères qu'il mettait autrefois. Abandonnant son cheval éclopé, il remonta l'escalier à pas de loup, laissa dans sa chambre ses lourdes bottes, ainsi que son manteau et son épée, se chaussa plus légèrement, redescendit, traversa la cour, leva la barre de la grand'-porte et quand il se trouva dehors poussa un soupir de soulagement.

Maintenant l'aube commençait à grisailler la campagne. M. de la Pivardière traversa d'abord le village de Jeumaloche encore endormi. Il arriva à Pellevoisin au moment où les habitants ouvraient leurs portes. Quand il approcha de Buzençay, le soleil levé séchait la rosée dans les bois et sur les brandes. Craignant d'être reconnu, si près de son ancienne demeure, il jugea plus prudent de ne pas entrer dans le village. Il fit un détour par les ouches et s'assit sur un talus de la route en attendant le coche qui passa vers huit heures du matin. Une place était disponible ; il s'en empara, et sûr maintenant d'échapper à sa légitime et acariâtre épouse, il roula fort tranquille vers Cosne, où il retrouva ses vêtements bourgeois.

Ce matin-là, vers sept heures, ainsi qu'elle en avait autrefois l'habitude, la petite servante du château de Nerbonne, Marguerite Mercier, frappa à la porte de la chambre de son maître pour l'éveiller ; elle lui portait une fillette de vin d'Anjou avec un morceau de dinde froide restant du souper de la veille. Comme elle ne recevait pas de réponse, elle pensa que son maître dormait encore, et revint une heure après. Encore, pas de réponse. Cette fois, un peu inquiète, elle entre-bâilla la porte. Alors elle vit que la chambre était vide et que le lit n'avait pas été défait. Sur la contrepointe il y avait un manteau de cavalier et une épée. De lourdes bottes étaient jetées dans un coin de la chambre.

Inquiète, elle redescendit dans la cuisine, demanda aux autres servantes si elles n'avaient pas vu M. de la Pivardière. A ce moment, la dame de la Pivardière sonna pour appeler sa femme de chambre. Catherine Lemoine entra chez sa maîtresse, lui dit son inquiétude. La dame de la Pivardière, qui la savait entichée de son mari, et à cause de cela ne l'aimait pas, lui répondit sèchement de ne pas lui échauffer les oreilles avec ses sornettes ; Catherine grommela des paroles confuses. La dame de la Pivardière lui enjoignit de se taire.

Catherine descendit à la cuisine et puis s'en alla trouver à la buanderie l'autre servante Marguerite Mercier qui repassait des collerettes. Les deux filles se mirent à jaser.

Quand Catherine remonta dans la chambre de sa maîtresse pour la coiffer, elle lui dit que le cheval de M. de la Pivardière était à l'écurie. La dame de la Pivardière lui donna simplement l'ordre de fermer à double tour la porte de l'écurie et de lui remettre la clef.

A l'heure du dîner, M. de la Pivardière n'avait pas encore paru, ni le soir au souper, et la dame de la Pivardière eut l'impression que ses servantes la regardaient de travers comme si elles avaient une idée de « derrière la tête ». Elle se coucha de mauvaise humeur et dormit mal.

Le lendemain matin, quand Catherine entra dans sa chambre, la châtelaine s'informa si Messire avait reparu. Catherine lui répondit d'un ton singulier « qu'elle savait bien que non ». Et cette fois sa maîtresse ne la gourmanda pas.

Après le dîner elle alla jusqu'à Heugnes pour voir le prieur de Mizeray, passa une

partie de la journée au prieuré, revint avec
lui et quand il l'eut quittée, soupa et se coucha dès neuf heures.

Le surlendemain, la troisième servante,
Juliette Rissay, vint l'éveiller pour lui dire
que le sieur Bonnet, lieutenant criminel de
Chatillon - sur - Indre, désirait lui parler
immédiatement. Elle s'habilla hâtivement
et descendit dans la salle.

Le sieur Bonnet, homme d'une soixan-
taine d'années, onctueux et fleuri dans ses
discours, avait été souvent le commensal du
château. Il se confondit, d'abord, en poli-
tesses.

« Il était venu à Nerbonne, dit-il, poussé
« par l'amitié respectueuse qu'il portait à
« la dame de la Pivardière, afin de lui don-
« ner toutes facilités pour clore le bec à cer-
« taines personnes qui ne lui voulaient pas

« de bien et répandaient sur son compte des
« bruits préjudiciables à sa considération...
« Ainsi avait-il entendu dire de divers côtés
« qu'on s'étonnait de la disparition de
« M. de la Pivardière après le souper de la
« mi-août, et surtout qu'il fût parti en lais-
« sant son cheval à l'écurie, et son manteau,
« ses bottes et son épée dans sa chambre...
« On prétendait aussi que le soir de son ar-
« rivée, il s'était élevé entre les deux époux
« une discussion dont on avait entendu les
« éclats. »

Enfin il s'excusa humblement d'être
obligé de rappeler à madame de la Pivardière, ou plutôt de lui faire connaître, l'ordonnance du Pape Innocent III, rapportée
à l'article VIII de l'Ordonnance Criminelle,
qui dit en toutes lettres : « Si la renommée
ou le Cri Public dénoncent un crime, l'Officier de justice doit remplir les devoirs de
sa charge, quelque pénibles qu'ils soient... »

A ce mot de crime, il est probable, qu'étant donné son caractère, la dame de la Pivardière monta sur ses grands chevaux.

Et que le sieur Bonnet redoubla de civilités pour lui demander la permission de procéder dans la maison et dans le voisinage à une enquête dont le résultat serait certainement de dissiper les ombres d'inquiétude qui rôdaient autour de Nerbonne. La dame de la Pivardière, sans lui répondre, lui donna le trousseau des clefs de la maison.

Les résultats de l'enquête menée par le lieutenant criminel de Chatillon furent très surprenants.

S'étant d'abord transporté dans la chambre occupée par M. de la Pivardière, il y dressa le procès-verbal suivant :

« Il trouve une paillasse, encore teinte de « sang en plusieurs endroits, malgré le soin « qu'on avait pris de la laver. Il remarque

« qu'on ne voit dans cette paillasse qu'en-
« viron un quart de paille hachée et le reste
« de paille nouvelle qui n'avait même pas
« été battue. Il suit les traces de sang. Il
« trouve huit ou dix ais, au pied du lit qui,
« quoique lavés plusieurs fois, semblaient
« porter encore des marques sanglantes. Il
« en découvre d'autres répandues dans plu-
« sieurs endroits de la chambre. Il descend
« dans la cave, pour suivre l'indication de
« quelques personnes, qui disaient avoir
« ouï-dire que le corps du sieur de la Pivar-
« dière y avait été mis ; il y observe une
« fosse longue de trois pieds environ, et pro-
« fonde d'un pied et demi, soit que cette
« fosse eût servi effectivement à l'usage fu-
« neste dont on lui a parlé ; soit que, comme
« l'explique l'une des servantes, elle fût
« destinée à conserver le sel qui se consom-
« mait dans la maison de la dame de la Pi-
« vardière. »

Le sieur Bonnet procéda ensuite à l'interrogatoire des deux servantes de la dame de la Pivardière.

La plus jeune, Catherine Lemoine, fut interrogée plusieurs fois.

« Dans son premier interrogatoire, elle
« n'a rien vu, rien entendu, elle ne sait rien
« de tout ce qu'on lui demande ; sa maî-
« tresse est certainement innocente d'un
« crime imaginaire. Elle déclare simple-
« ment qu'ayant été voir si Messire de la
« Pivardière était levé, elle ne trouva per-
« sonne dans sa chambre et qu'il lui sem-
« bla qu'on avait mis d'autres draps que
« ceux qu'elle avait vus la veille, et que le
« lit paraissait tout fraîchement refait.

« Dans le second interrogatoire, elle n'a
« pas vu le sieur de la Pivardière mort, mais
« elle entendit pendant la nuit un coup
« d'arme à feu ; elle a trouvé le lendemain
« dans la cave, des draps tout sanglants et
« elle a vu dans l'après-dîner sa maîtresse
« laver ces mêmes draps, au lavoir dans le

« jardin. Puis elle a entendu le prieur de
« Mizeray, qui était venu à Nerbonne, dire
« à la dame de la Pivardière : — Otons-
« nous d'ici ; si nous étions pris, nous se-
« rions perdus. »

Dans ses autres interrogatoires, Catherine
Lemoine fut encore plus explicite. Elle déclara qu'elle fut éveillée au milieu de la nuit
« par la dame de la Pivardière qui lui
« ordonna d'aller chercher des œufs chez
« François Hibert à la ferme de la Graine-
« rie, qu'elle entendit dans le chemin tirer
« un coup de fusil, qu'elle apporta les œufs
« avec trop de diligence, et qu'étant entrée
« dans la chambre du sieur de la Pivar-
« dière, la dame de la Pivardière la voulut
« battre, parce qu'elle revenait trop tôt ;
« que, dans ce moment, elle vit le corps
« mort du sieur de la Pivardière étendu sur
« la paillasse, la chambre pleine de sang, et
« dans la chambre, le cuisinier du prieur de
« Mizeray et le dit prieur, que la dame de

« la Pivardière dit aux deux assassins d'em-
« porter le corps avec les habits, mais ne
« nomma pas le lieu où l'on devait le
« mettre, qu'aussitôt ils l'emportèrent et
« descendirent l'escalier en le tenant l'un
« par la tête l'autre par les pieds ; que sa
« maîtresse lui dit d'aller chercher du pain
« au village de Trompe Souris, qu'elle en
« acheta chez le nommé Pineau, et, qu'à
« son retour, elle vit les deux assassins dans
« la cuisine qui, après avoir mangé les œufs
« que la dame de la Pivardière leur fricassa
« elle-même, s'en allèrent aux approches du
« jour ; que le lendemain, le prieur de
« Mizeray s'en vint à Nerbonne, la dame de
« la Pivardière lui ayant dit en pleurant
« qu'elle était bien malheureuse parce que
« sa jument était malade, que le prieur lui
« répondit que ce n'était pas le plus grand
« de tous les maux, qu'il fallait s'en aller et
« qu'ils entrèrent tous les deux dans la salle
« basse, en se désespérant. Elle ajoute en-

« core que le prieur de Mizeray lui dit, en
« lui parlant des servantes : Il faut se dé-
« faire de ces canailles-là. »

Marguerite Mercier, interrogée à son
tour, accabla sa maîtresse :

« Elle a vu le cuisinier du prieur de Mi-
« zeray s'approcher du lit où dormait le
« sieur de la Pivardière, le découvrir, lever
« le rideau du côté de la cheminée ; puis il
« porta un escabeau à côté du lit, y monta
« et tira un coup de fusil dans le côté droit
« ou dans la tête du sieur de la Pivardière
« qui, en recevant le coup, se leva droit sur
« le lit et cria à sa femme :

« — Petite femme, donnez-moi la vie ;
« prenez tout mon or et mon argent.

« — Non, non, lui répondit-elle, il n'y a
« point de vie pour vous. — En même
« temps, les assassins et sa femme se je-
« tèrent tous trois sur lui, le remirent sur
« le lit, après en avoir ôté la couverture, le
« matelas, le chevet, les draps, et lui don-

« nèrent trois ou quatre coups de sabre
« dans le côté.

« La dame de la Pivardière, voyant qu'il
« remuait encore, prit elle-même le sabre,
« le lui enfonça dans le côté gauche et
« acheva de lui ôter la vie. A cette vue, Mar-
« guerite Mercier ne put s'empêcher de
« crier au meurtre. Sa maîtresse voulut
« alors lui faire mettre une serviette dans
« la bouche pour l'empêcher de crier, mais
« les assassins, plus humains qu'elle, crai-
« gnaient de la faire mourir parce qu'elle
« n'avait pas beaucoup de santé. On enve-
« loppa le corps entre deux draps et on
« l'emporta. Elle ignore où on l'a caché.

« Pendant que les assassins allaient ense-
« velir le corps du sieur de la Pivardière,
« sa femme s'en fut chercher à la cuisine et
« rapporta dans la chambre un poêlon plein
« de cendres, qu'elle ordonna à Marguerite
« Mercier de jeter sur le plancher pour ef-
« facer le sang répandu. La servante refusa

« de lui obéir, et criait au meurtre à haute
« voix. Sa maîtresse lui donna un coup de
« poing et la menaça de lui faire subir le
« même traitement que le sieur de la Pivar-
« dière, si elle ne lui obéissait point.

« Les assassins revinrent au bout de deux
« heures ; ils mangèrent dans la cuisine les
« œufs que l'autre servante avait apportés
« et que la dame de la Pivardière fricassa
« elle-même. »

Durant ces interrogatoires, dont elle paraissait se désintéresser, la dame de la Pivardière s'était enfermée dans sa chambre.
Le lendemain elle eut une inspiration malheureuse. Comme si elle redoutait les résultats de l'enquête, elle quitta furtivement son
château, et partit à pied pour Auneuil, où
elle demanda l'hospitalité à sa cousine de
Bois-Linard.

Deux jours après, le lieutenant de la maréchaussée de Chatillon-sur-Indre vint l'y chercher, sur la requête du sieur Bonnet, et celle du sieur Morin, procureur du roi, qui l'avait décrétée de prise de corps. Avec tous les ménagements possibles, il lui fit comprendre que le sentiment public était si fort monté contre elle, que même pour sa sécurité il valait mieux qu'elle se mît volontairement en l'état, c'est-à-dire en prison. Ainsi elle éviterait des scènes regrettables et de plus elle aurait le bénéfice d'avoir pris l'initiative d'une mesure qui pourrait s'imposer tôt ou tard. Il était d'ailleurs bien entendu que dans la prison de Chatillon-sur-Indre, elle serait traitée avec beaucoup d'égards et pourrait même mener avec elle sa femme de chambre.

La dame de la Pivardière se convainquit facilement qu'elle n'avait rien de mieux à faire que contre mauvaise fortune bon cœur, et le lendemain jeudi, accompagnée de Ju-

liette Rissay, elle se rendit en voiture à Chatillon par le chemin d'herbe qui est encore
utilisé de Jeumaloche jusqu'à la petite ville.

Après avoir signé son nom sur le registre
d'écrou, elle prit possession d'une grande
cellule très claire, au premier étage du donjon de l'ancien château des comtes de Chatillon.

V

A l'auberge du *Cerf Volant*, en Auxerre, Dubouchet eut la joie de retrouver Marie-Élisabeth et ses enfants, et encore celle d'apprendre que pendant son absence, ses affaires s'étaient arrangées toutes seules, sa belle-mère Marie Caillant ayant perdu un frère qui lui laissait un joli magot. Dubouchet en aurait conçu une entière satisfaction s'il n'avait pas songé que, si cet héritage lui était échu quinze jours plus tôt, il n'aurait pas eu besoin d'aller à Nerbonne et de s'y exposer à la vengeance de sa première épouse.

Il se demandait aussi s'il ne devait pas dès maintenant faire à Marie-Élisabeth le terrible aveu. Plusieurs fois, il l'eut sur les lèvres. Chaque fois, il s'en abstint. Quelle peine il allait lui causer, peut-être inutilement ! Si la dame de la Pivardière n'avait voulu que lui faire peur et n'essayait pas de savoir exactement ce qu'il faisait à Auxerre, à quoi bon gâter pour toujours le bonheur de Marie-Élisabeth ? Ainsi par optimisme, par bonté d'âme et aussi par son indolence naturelle, Dubouchet, semblable à l'autruche, préférait attendre la catastrophe que de la prévenir.

Un soir, il dînait avec sa femme et sa belle-mère ; les enfants étaient couchés et les pensionnaires partis. C'était l'heure charmante de l'intimité familiale.

On frappa violemment à la porte. Peut-être un mauvais plaisant ? Personne ne se dérangea. Comme les coups redoublaient, Dubouchet se leva et alla ouvrir.

Un sergent de la maréchaussée entra dans la salle. Il avait le teint enluminé et paraissait pris de vin.

Dès qu'il aperçut Dubouchet, il s'écria joyeusement :

— Messire de la Pivardière, je vous salue!

Dubouchet eut un petit frisson et se ressaisit immédiatement.

— Vous vous trompez de porte, mon brave. Je ne suis pas messire de la Pivardière, et je ne le connais pas. Je m'appelle Dubouchet et je suis huissier royal.

Le sergent se mit à rire.

— Oh là ! messire ne me prenez pas pour un « Père Godichon ». Je sais bien qui vous êtes. Je vous ai vu assez souvent à Chatillon et je pense que vous me reconnaissez aussi. Je suis le sergent Chenu, de la maréchaussée de Chatillon. Je suis venu un jour au village de Trompe-Souris, dans votre ferme de la Grainerie, pour prendre un voleur de noix.

En entendant cela, Marie-Élisabeth et sa mère se regardaient et regardaient Dubouchet.

Il répondit au sergent, qu'il rêvait et le prenait pour un autre. Il lui réitéra qu'il ne connaissait pas le sieur de la Pivardière et n'avait jamais été à Chatillon.

Mais le sergent Chenu n'en démordit pas et lui affirma qu'il était Messire de la Pivardière, aussi sûr que le Bon Dieu existe. Il l'assura d'ailleurs qu'il ne risquait rien à se faire connaître. Tout ce qu'on lui demandait, c'était de venir à Chatillon et de s'y montrer pour prouver qu'il était encore vivant. Ainsi la dame de la Pivardière qui était en prison parce qu'on l'accusait de l'avoir tué, serait déchargée.

Sur ces derniers mots, le silence devint très lourd et Chenu, se sentant mal à l'aise, s'esquiva après avoir salué la compagnie.

Alors Dubouchet affecta de prendre un ton dégagé pour prier sa belle-mère de le

laisser seul avec Marie-Élisabeth, afin qu'il
lui expliquât les choses..

De l'explication qui s'ensuivit nous n'a-
vons d'autres traces que les souvenirs de la
jeune femme transmis par la tradition orale.
Mais étant donné la vivacité et la droiture de
son caractère et la fluidité de celui de Dubouchet il est facile d'imaginer ce qu'ils se
dirent. Indignation, excuses, larmes, in-
jures, protestations d'amour, etc., etc...

Le résultat fut que Marie-Élisabeth s'enferma tout en pleurs dans sa chambre,
dont elle poussa la porte au nez de Dubouchet qui, après quelques heures de sombres
réflexions, s'endormit sur une chaise. Le
lendemain matin dès le point du jour, il
sortit avant l'arrivée du sergent Chenu pour
aller faire une saisie de récolte dans le village
de Flavigny.

Quand il fut parti, Marie-Élisabeth descendit de sa chambre et s'en fut voir le prieur curé de la paroisse de Saint-Eusèbe, M. Courcier, qui l'avait baptisée, mariée et qui l'aimait tout particulièrement. Il la reçut devant la porte de son petit presbytère, jouxtant l'église, et la fit entrer dans sa chambre à coucher qui était aussi son cabinet de travail et son confessionnal. Elle se jeta à ses genoux et lui conta en sanglotant sa triste histoire.

M. Courcier en avait entendu d'autres, mais tout de même celle-là le surprit. Il s'étonna surtout de l'intervention du sergent Chenu. Pourquoi la dame de la Pivardière faisait-elle rechercher son mari et pourquoi était-elle en prison ?

Marie-Élisabeth ne connaissait pas la visite de Dubouchet à Nerbonne. Atterrée par la brusque révélation de son mariage, elle n'avait pas songé à lui demander des éclaircissements sur ce point. Avant de rien décider, M. Courcier, lui proposa de faire

enquêter à Chatillon-sur-Indre par l'inter-
médiaire du curé doyen qui était de ses amis.
Dans une huitaine de jours, il serait rensei-
gné. Jusque-là, Marie-Élisabeth n'avait rien
de mieux à faire que de tenir à Dubouchet
toute la rigueur qu'il méritait, sans lui demander des explications qu'il lui donnerait
mensongères, suivant toute probabilité.

M. Courcier lui assura d'ailleurs que son
mariage étant nul *ipso facto*, puisqu'il y
avait erreur sur la personne du conjoint,
serait rompu et annulé sans aucune diffi-
culté par le Tribunal de l'Officialité
à Bourges. Et il lui donna toutes les conso-
lations que lui suggéraient la religion et
son bon cœur. Mais Marie-Élisabeth était
bien malheureuse...

En sortant du presbytère, elle entra dans
l'église de Saint Eusèbe, si peuplée des
souvenirs de sa vie qu'il lui semblait qu'elle
y était comme dans sa maison, une maison
habitée par un Ami puissant et invisible.

C'était là, dans la petite chapelle, autour de
la vieille pierre gothique que ses enfants
avaient été baptisés. Devant cet autel, elle
s'était mariée avec le menteur qui avait
bouleversé sa vie. Toute meurtrie, elle
s'agenouilla sur son banc coutumier et dit
une longue prière. Quand elle se releva,
elle était un peu rassérénée. Incapable de
haine, elle ne haïssait pas Dubouchet. Seulement il lui semblait que son amour s'était
détaché d'elle, comme une feuille morte,
avec la confiance qu'elle avait en lui. Il
n'était plus pour elle qu'un étranger, une
ombre... Et peu à peu, elle se mit à penser à
cette dame de la Pivardière inconnue qui
venait d'entrer si brusquement dans son
existence. Qui était-elle? comment vivait-
elle avec lui? Pourquoi l'avait-il quittée?...

De son côté, Dubouchet de la Pivardière
souffrait plus que Marie-Élisabeth parce qu'il
l'aimait passionnément. Il aurait voulu pouvoir le lui dire et redire, mais pour s'expli-

quer il faut commencer par se voir, et Marie-
Élisabeth voulait demeurer invisible. Elle
avait fait dresser dans la salle un lit de camp
pour Dubouchet qui s'y couchait tristement
en revenant de ses tournées. Comme elle ne
voulait pas souper avec lui, il prenait son
repas du soir dans quelque auberge des environs, et l'on dit qu'il s'était accoutumé à
chercher dans le vin de Migraine un apaise-
ment à son chagrin.

Quant à la châtelaine de Nerbonne, il s'en
inquiétait si peu, que ce n'était pas la peine
d'en parler. Il aurait voulu savoir pourquoi elle était en prison. Mais c'était par
simple curiosité. Même il n'était pas certain de ne pas se réjouir du mauvais sort
qui lui échéait. Après tout ne l'avait-elle
pas mérité ? Si elle ne s'était pas entichée
du prieur de Mizeray, elle ne se serait pas
donné l'air de mépriser autant son mari.
Mépris insultant, qui lui avait rendu son
foyer odieux et l'avait engagé à le quitter

pour aller vivre à Auxerre. Tout le reste
était venu de là.

Un soir, comme il rentrait à l'auberge
un peu avant le couvre-feu pour s'étendre
mélancoliquement sur son petit lit de camp,
il trouva dans la salle Marie-Élisabeth qui
l'attendait.

Elle avait les traits tirés et les yeux brûlant d'une flamme fiévreuse.

Tout de suite elle lui dit résolument
qu'elle venait de causer avec M. Courcier
et qu'après cette conversation elle avait décidé qu'elle ne le reverrait jamais s'il
n'allait pas à Chatillon-sur-Indre pour se
faire reconnaître par les gens du Bailliage,
et ainsi décharger sa vraie femme de l'accusation qui pesait sur elle.

Il est certain et assez naturel qu'à cette
proposition Dubouchet sursauta et fit plu-

sieurs objections dont la principale était
que si l'enquête suivait son cours, il serait
bientôt convaincu de bigamie et condamné à
être pendu, à moins qu'ayant égard à sa
qualité de gentilhomme, on voulût bien se
contenter de le décapiter.

Marie-Élisabeth s'obstina à ne pas entendre ses raisons. Pour l'honneur de Dubouchet, pour le sien aussi, il fallait qu'il se pré-
sentât au Bailliage de Chatillon-sur-Indre et
se fît reconnaître vivant, quoiqu'il en ad-
vînt. Ainsi du premier coup, cette petite vil-
lageoise entrait-elle dans la lignée des hé-
roïnes cornéliennes.

Après de longues adjurations, un appel
émouvant à leur amour, et à leurs enfants,
Dubouchet lui proposa d'aller à Jeu-Malo-
ches et de s'y faire reconnaître par les habitants du pays et les tenanciers de Nerbonne.
Cela était plus que suffisant pour lui créer
un certificat d'existence. Quant à se rendre
à Chatillon et s'exposer à la mort pour une

femme qui le détestait, en abandonnant une épouse et des enfants qu'il aimait, il s'y refusa absolument.

Quelque héroïque qu'elle fût, Marie-Élisabeth ne put pas s'empêcher de reconnaître qu'il n'avait pas tout à fait tort. Et puis maintenant qu'elle le voyait devant elle, humble, l'air si malheureux dans la posture de l'homme qui demande grâce, elle sentait qu'elle retrouvait pour lui quelque chose de son ancienne tendresse. Avait-elle le droit de l'envoyer à la mort, pour un scrupule d'honneur ? Et si elle en avait le droit, elle n'en avait plus le cœur.

Elle consentit donc à accepter la demi-mesure qu'il lui proposait.

Lui laissa-t-elle l'espoir qu'à son retour elle pourrait peut-être lui pardonner sa félonie ?

En tout cas, il s'engagea à partir le lendemain matin.

VI

Dans quelles dispositions d'esprit M. de
la Pivardière chevaucha pendant trois jours
sur la route de Nerbonne, il est aisé de le
concevoir. Jamais le chemin qu'il avait déjà
fait deux fois ne lui avait paru si court,
moins parce qu'il le connaissait maintenant
que parce qu'il craignait d'arriver au but.
Cependant jusqu'à Buzençay, qui était sa
dernière étape, il se récréa un peu par les
incidents de la route. Même dans une auberge, à Cosne, à propos d'une pintade qu'il
s'était fait réserver, il eut avec un gentilhomme nivernais une querelle qui faillit se

terminer tragiquement. Ils se donnèrent
rendez-vous dans une petite ruelle derrière
l'auberge pour y régler leur différend, mais
M. de la Pivardière s'y trouva seul. Le gentilhomme nivernais avait décampé en em-
portant la pintade.

M. de la Pivardière passa encore un après-
dîner à jouer aux boules dans l'auberge de
la *Tête de Sarrazin*, à Issoudun... C'était autant de temps gagné avant d'arriver à Nerbonne.

Enfin, le troisième jour au matin, il atteignit les ouches du village de Jeu-Maloche,
qui jouxte le domaine de Nerbonne. Si près
du but, il sentit que son cœur commençait
à chavirer, et se demanda très sérieusement
s'il n'allait pas tourner bride, mais il songea
à Marie-Élisabeth, et pour mériter son pardon, poussa son cheval en avant.

Les cloches de l'église sonnaient à toute
volée. D'abord M. de la Pivardière ne com-
prit pas pourquoi, et puis il pensa que l'on

était au dimanche et que la grand'Messe s'annonçait. Il chevaucha encore jusqu'aux premières maisons du village, à quelque cent toises de Nerbonne. Là il lui vint une idée singulière qui ne manqua pas d'une certaine ampleur. On a déjà vu qu'il était homme à prendre des résolutions extraordinaires même un peu folles.

Il pensa donc qu'au lieu de se faire reconnaître en détail par ses fermiers et les domestiques de Nerbonne, il aurait peut-être avantage à masser les événements. En réalité il était comme un malade qui doit absorber une potion nauséeuse et préfère l'avaler tout d'un coup que de la déguster à petites gorgées.

Donc, il prit sa résolution. Une fiole d'eau-de-vie qu'il portait dans l'arçon de sa selle, l'aida à la fortifier.

Il piqua son cheval et le poussa au trot dans la rue de Jeumaloche. Elle était déserte et les maisons vides parce que toute la population se trouvait à la messe ou au cabaret.

En quelques minutes M. de la Pivardière arriva sur la place devant le porche de l'église qu'on appelle la « Guenillière ».

Quelques jeunes gens jouaient au jeu de palet en attendant la sortie de leurs belles. Ils étaient si occupés qu'aucun ne fit attention à M. de la Pivardière. Il descendit de cheval, attacha sa monture à un anneau cimenté au mur, fit un signe de croix, prit une longue respiration comme avant de se jeter dans l'eau profonde et brusquement se lança dans l'église. C'était le moment du sermon. Frère Pournin, le Prieur curé, était en chaire et menaçait ses ouailles des foudres de l'enfer. M. de la Pivardière se fraya un chemin dans l'allée centrale. Et d'abord le Curé prieur l'aperçut.

L'effet fut prodigieux. Frère Pournin leva les bras au Ciel, descendit de sa chaire et s'enfuit dans la sacristie. Les femmes se retournant aperçurent alors M. de la Pivardière. Un grand cri s'éleva dans l'église :

— « Au revenant ! au revenant ! »

Et tout aussitôt, se bousculant vers une porte de côté pour ne pas s'approcher du fantôme, elles laissèrent l'église vide et « le spectre » seul au milieu, un peu embarrassé de son personnage.

Il attendit un moment, et sortit de l'église. La place était complètement déserte. Même les joueurs de « palet » avaient été entraînés dans la fuite éperdue des paroisiennes. Dès lors M. de la Pivardière n'avait rien de mieux à faire qu'à délier son cheval et se remettre en selle. Ainsi fit-il. Mais quand il eut les pieds dans les étriers, il se demanda quel parti prendre ?

S'il est toujours un peu désagréable d'être pris pour son fantôme, M. de la Pivardière en éprouvait aussi une espèce de soulagement. Puisqu'on le croyait mort on ne penserait pas à l'accuser de bigamie, et c'était tout ce qui pouvait lui arriver de mieux. Ainsi, laissant madame de la Pivardière se tirer d'affaire, il vivrait tranquillement à Auxerre sous le nom de Dubouchet, huissier royal, avec Marie-Élisabeth et ses enfants.

Mais bientôt le sentiment de la réalité lui revint. Si les gens de Jeumaloche ne voulaient pas le reconnaître vivant, il fallait qu'il fît une nouvelle tentative avant de revenir à Auxerre. Sinon Marie-Élisabeth ne le tiendrait pas quitte et ne lui pardonnerait pas.

Donc, il résolut, pour l'acquit de sa conscience, de se présenter à Nerbonne comme il en avait d'abord l'intention. De Jeumaloche à travers les brandes, un chemin d'herbe descend jusqu'au château. Il s'y engagea et se trouva d'abord à mi-route devant la ferme de la Grande Métairie. Les deux filles du fermier en sortaient précisément avec des garçons de ferme. Ils chantaient une vieille chanson du Bas Berry.

Comme le chemin était étroit, elles se rangèrent d'abord pour laisser passer le cavalier, et puis levèrent la tête afin de le dévisager. Aussitôt, comme à l'église de Jeumaloche, il arriva que filles et garçons s'enfuirent en criant :

« Au fantôme ».

Et s'enfermèrent dans la maison.

M. de la Pivardière, décidé d'aller jusqu'au bout, continua son chemin jusqu'à la grand'porte de son château. Il vit qu'elle était fermée. Un grand silence pesait autour de la maison déserte. On aurait dit le Château de la Belle au Bois Dormant. Il tourna autour des douves sans rencontrer âme qui vive, et poursuivit sa route jusqu'au petit étang, qui est à quelques toises de Nerbonne.

Là il aperçut sur le bord un groupe d'hommes qui paraissaient chercher quelque chose dans les roseaux en les fouillant avec des gaffes. Poussé par un sentiment inconscient de propriétaire, il s'approcha d'eux afin de leur demander ce qu'ils faisaient chez lui. Il reconnut avec surprise le sieur Riffaud, lieutenant de la maréchaussée de Chatillon, accompagné d'un de ses sergents. Les deux hommes étaient si occupés par leur besogne qu'ils laissèrent M. de la Pivardière s'approcher d'eux sans le voir ni entendre le pas de son cheval. M. de la Pivardière salua le sieur Riffaud.

— Bonjour, lieutenant. Que cherchez-vous donc avec tant d'animation dans les roseaux de mon étang?

Le lieutenant Riffaud répondit sans lever la tête :

— Nous cherchons le corps de M. de la Pivardière qui a été jeté dans l'eau.

Bien que la situation eût quelque chose de macabre, M. de la Pivardière éclata de rire.

— Hé là! messieurs, ne vous donnez donc pas tant de peine pour chercher dans le fond de l'étang ce que vous trouvez sur le bord.

Le lieutenant de la maréchaussée et son sergent se retournèrent du même coup, pâlirent, rougirent, et prenant leurs jambes à leur cou, comme si le diable était à leurs trousses, sautèrent sur leurs chevaux qui étaient attachés à un arbre voisin et galopèrent à toutes brides sur le chemin de Chatillon.

Dès lors, M. de la Pivardière considéra l'expérience comme suffisante. Puisque personne ne voulait reconnaître qu'il fût vivant, il serait bien sot de s'y entêter. La fortune souriante lui donnait l'occasion de sortir de tous ses embarras, rien qu'en se laissant passer pour mort. Ce serait provoquer le mauvais sort que de vouloir le contrecarrer. Il n'avait plus qu'à retourner à Auxerre et se jeter aux genoux de Marie-Élisabeth pour la supplier de laisser aller les événements. Après tout, que lui importait le sort de la dame de la Pivardière? Il pensa d'ailleurs qu'elle ne pourrait pas être condamnée tant qu'on n'aurait pas trouvé le cadavre de son mari, et il pouvait assurer qu'on ne le retrouverait jamais. Rasséréné, aux trois quarts convaincu par ces beaux raisonnements, M. de la Pivardière s'en alla dîner à Pellevoisin. Trois jours après il se retrouva à Auxerre devant la porte Fécaud.

VII

Cependant, au Présidial de Châtillon-sur-Indre, l'Affaire suivait son cours.

La dame de la Pivardière était toujours en « état », ce qui veut dire, en prison, dans le jargon juridique de l'époque.

A vrai dire elle ne gémissait pas sur la paille humide des cachots. Elle occupait au premier étage du donjon une cellule claire d'où la vue s'étendait pacifiante sur la vallée de l'Indre. Le sieur Morin, Procureur du roi, venait l'y interroger avec la plus extrême courtoisie, et le concierge du donjon avait ordre de la laisser se promener dans le jardin tant qu'il lui plairait. Elle s'occupait à rédiger un long mémoire aux fins d'établir son innocence.

C'était la coutume à cette époque. Accusés et plaignants faisaient imprimer des brochures appelées factums qu'ils donnaient aux juges et répandaient dans le public pour forcer l'opinion. Elles étaient vendues à Paris sur le Pont-Neuf, chez madame Mazuelle, à l'enseigne de *la Levrette*, ou bien chez Jean de Nully, dans la *Grand'Salle* du Palais, du côté de la cour des Aides, à l'enseigne de *l'Écu de France*.

Madame de la Pivardière composait son « factum » dans la fièvre heureuse d'une débutante, et ainsi sa détention lui semblait très supportable.

Le prieur de Mizeray était moins favorisé.

Comme le bruit de ses relations avec madame de la Pivardière commençait à faire scandale dans le pays, il avait été invité à se présenter à Bourges devant la juridiction de l'Officialité.

Le Tribunal de l'Officialité était pourvu de trois juges ecclésiastiques qui s'appelaient un Official, un Vice-Gérant et un Promoteur. Les séances étaient secrètes et se tenaient dans le Palais de l'Évêché. Les jugements n'étaient pas portés au public, mais seulement inscrits sur les registres de l'Officialité et les évêques faisaient détruire, dès qu'elles n'étaient plus utiles, les pièces témoignant des fautes commises par les ecclésiastiques de leurs diocèses. Dans l'Affaire du prieur de Mizeray, le jugement seul est arrivé jusqu'à nous parmi les pièces de la Procédure devant le Parlement.

Convaincu « d'avoir, depuis plusieurs années, entretenu avec scandale un mauvais commerce avec la femme du sieur de la Pivardière », frère Sylvain Charotz, prieur de Mizeray, fut condamné à faire une retraite de six mois en cellule, à Bourges, dans la maison mère de l'Ordre des Frères de Saint-Augustin.

Mais il n'était pas encore au bout de ses peines.

Depuis plusieurs années, il existait une vive inimitié entre sa famille et celle des sieurs Bonnet et Morin, lieutenant criminel et procureur du roi au siège de Châtillon-sur-Indre. Le frère du prieur de Mizeray, lieutenant civil à Bourges, s'était jadis opposé à ce que le sieur Morin fût nommé président au siège de Chatillon, et il avait gagné contre lui un long procès. Son père, ancien président au bailliage de Bourges, avait eu plusieurs différends avec le sieur Bonnet. C'était plus qu'il n'en fallait pour entretenir une de ces longues haines provinciales qui couvent jusqu'au moment venu de se manifester.

Sur une requête monitoire du sieur Bonnet, le substitut du procureur général au siège de Chatillon requit que le frère Sylvain Charotz fût écroué dans la prison de Châtillon-sur-Indre sous l'inculpation d'assassinat contre le sieur de la Pivardière. L'évêque de Bourges, qui n'aimait pas se mêler des affaires civiles, ne s'y opposa pas.

Dès lors, l'animosité des sieurs Bonnet et Morin contre le prieur de Mizeray put se donner libre cours.

Tandis que la dame de la Pivardière était considérée comme une pensionnaire de la prison plutôt que comme une détenue, le frère Charotz fut enfermé avec les malfaiteurs dans les cachots du bailliage et astreint à la nourriture ordinaire des prisonniers. Pendant quelques jours on le mit aux fers, c'est-à-dire qu'il avait les pieds et les mains entravés dans des boucles d'acier. Avant chacun de ses interrogatoires, le sieur Morin lui rappelait sans aménité que s'il ne répondait pas exactement il lui serait appliqué la question ordinaire.

Cela consistait à faire asseoir l'inculpé sur une chaise, à lui enserrer les jambes entre deux planches de chêne, introduire un coin d'acier entre lesdites planches et frapper sur le coin jusqu'à ce qu'il avançât en brisant les os. Ainsi les accusés étaient assez vivement engagés à faire des aveux, et cela facilitait beaucoup la tâche du juge chargé de l'instruction.

Le cuisinier du prieur, le nommé Claude Regnaut, incarcéré avec lui dans un cachot voisin, avait déjà subi cette épreuve, et il avait avoué tout ce qu'on voulait lui faire dire.

Il y avait aussi dans la prison de Châtillon, mais dans une autre salle du donjon, les deux petites servantes, Marguerite Mercier et Catherine Lemoine, dont les témoignages avaient engagé toute l'affaire. De quoi étaient-elles accusées ? En vérité, personne ne le savait. Seulement le sieur Morin trouvait commode de les tenir à sa portée, bien chambrées pour éviter que sous diverses

influences elles ne variassent dans leurs dépositions.

Cependant, l'une d'elles, Catherine Lemoine, avait eu une reculade. Comme elle
était tombée malade, il lui avait pris la peur
de mourir et d'aller en enfer. Le juge avait
bien été obligé d'enregistrer sa rétractation
in articulo mortis.

« A dit que son maître est bien vivant et
« qu'elle est fâchée d'avoir prétendu qu'il
« eût été tué et, ce disant, a fait les excla-
« mations : Mon Dieu ! Sainte Vierge ! sou-
« lagez-moi, je suis bien misérable. »

« A dit qu'en l'interrogeant, le juge
« l'avait malmenée.

« Lui ayant été représenté que, suivant
« l'Ordonnance Criminelle, les témoins qui
« se rétractent doivent être poursuivis et
« condamnés comme faux témoins, a ré-
« pondu dans son second interrogatoire
« qu'elle a dit la vérité, et a ajouté : « Le
« bon Dieu voit bien que vous voulez me

« faire dire plus que vous ne savez. »

« Lui ayant été fait la même remontrance
« que ci-dessus, a dit : « Si le bon Dieu est
« le Bon Dieu, il y mettra sa sainte Main. »

« Lui ayant, derechef, fait la même re-
« montrance, a répondu qu'elle ne de-
« mande autre chose au Bon Dieu sinon
« qu'Il fasse d'elle ce qui lui plaira, et a jeté
« un gros soupir et puis a dit qu'elle ne sou-
« pirait pas et a dit encore : « Je ris de ce
« que vous me faites dire parce que, comme
« je n'ai pas d'esprit, vous me menez où
« vous voulez. »

Marguerite Mercier persista dans ses premières déclarations. Elle alla jusqu'à pré-
tendre, qu'une mâchoire de chien trouvée
dans le bois du Champ d'Oiseau, près de
Jeumaloche, était celle du sieur de la Pivardière.

Pendant ce temps, bien qu'ils n'eussent

jamais été confrontés, la dame de la Pivardière et le prieur de Mizeray concertaient leurs défenses. Il est probable que par le moyen de quelques écus ils arrivaient à communiquer.

Madame de la Pivardière avait fait venir de Paris un des premiers avocats en Parlement, maître Martinet, et le prieur de Mizeray s'était adressé à son confrère, maître Gondouin, qui l'égalait en réputation.

Ces messieurs, après avoir étudié la question, la retournèrent d'une façon inattendue. Ils demandèrent d'abord le renvoi de l'Affaire devant le Parlement de Paris, sous prétexte que, à Chatillon-sur-Indre, les parties étaient trop influencées par les passions locales.

Ce renvoi fut ajourné jusqu'après une première discussion de l'Affaire devant les juges de Romorantin. Maîtres Gondouin et Martinet engagèrent premièrement la dame de la Pivardière et le prieur de Mizeray à faire appel comme « d'abus » contre la sentence de l'Official de Bourges sous prétexte que le nom de la dame de la Pivardière avait été prononcé dans le jugement d'adultère, ce qui était contraire à la coutume juridique. Ensuite maîtres Martinet et Gondouin tirèrent leur coup de canon.

Dans une enquête personnelle à Jeumaloche et à Nerbonne, ils avaient appris le passage du sieur de la Pivardière et l'étrange effroi produit par son apparition. Comme ils ne croyaient pas aux revenants, ils s'étaient immédiatement appliqués à questionner Frère Pournin, curé prieur de Jeumaloche et ses plus notables paroissiens, entre autres, les sieurs Carré de la Hutte, Mauchaussée et son épouse, et le sieur Mercier. Revenues de leur saisissement dont elles étaient même un peu honteuses, ces personnes avaient reconnu qu'elles avaient vu le sieur de la Pivardière bien vivant en chair et en os. Le curé prieur l'avait même consigné par écrit. Le lieutenant de la maréchaussée avait été plus rétif. Il s'était refusé à répondre aux avocats qui, disait-il, n'étaient pas qualifiés pour l'interroger, mais le sergent qui l'assistait dans ses recherches au fond de l'étang de Nerbonne avait eu la langue déliée. Dix témoins à Buzençay, à Heugnes, à Pellevoisin attestèrent encore qu'ils avaient vu le sieur de la Pivardière, bien qu'il eût cru passer inaperçu.

S'appuyant sur ces témoignages, les deux avocats de Paris engagèrent leurs clients à prendre à parti les sieurs Bonnet et Morin, lieutenant particulier et procureur du roi, comme d'abus de « procédure » et « dol personnel ».

La dame de la Pivardière demanda qu'ils fussent condamnés à des dommages et intérêts, pour l'avoir faussement accusée du meurtre d'un homme vivant.

Voici quelques extraits de la plaidoirie de maître Martinet :

« On veut venger la mort du sieur de la
« Pivardière. On veut faire punir sa femme
« comme coupable de cette mort. On ac-
« cable sous le poids des fers un prêtre, un
« religieux, comme soi-disant complice de
« l'assassinat !...

« Or ce même la Pivardière est vivant, il
« est reconnu par vingt personnes de sa
« province. Nulle preuve de sa mort. Preuve
« complète de son existence. Y eût-il jamais
« d'accusation plus téméraire, plus calom-
« nieuse ? Un juge poursuit la mort imagi-
« naire du sieur de la Pivardière comme un
« crime réel et véritable, parce qu'il trouve
« dans cette mort un prétexte spécieux pour
« satisfaire sa haine contre le prieur de
« Mizeray.

« La passion le fait agir et lui fait trouver
« dans les circonstances les plus indifférentes
« la présomption du crime le plus énorme !

« Il ne choisit pour témoins que des per-
« sonnes viles, abjectes, qui ne savent ni lire

« ni écrire. Il coupe leurs dépositions par
« des interpellations faites à contre-temps
« pour les instruire des faits dont il sou-
« haite qu'ils déposent. Il refuse de rece-
« voir les dépositions en entier, aussitôt
« qu'il se rencontre des faits qui sont à
« la décharge des accusés.

« Le juge et le procureur du roi doivent
« donc porter la peine de leurs calomnies et
« de leurs prévarications. En vain se flat-
« tent-ils d'être soutenus par le magistrat
« qui exerce le ministère public. L'inno-
« cence n'a jamais eu à craindre de ce ma-
« gistrat. La prévention ne peut rien contre
« son esprit et son cœur. Il tient un juste
« équilibre entre l'intérêt public et celui des
« particuliers contre lesquels il agit. Son
« zèle le renferme dans les bornes que l'ob-
« servation des règles les plus adroites de la
« Justice lui prescrit. Toujours ennemi du
« mensonge et de la calomnie, jamais la
« vérité ne s'altère dans sa bouche. Il ne

« déclare la guerre à l'innocence cachée que
« pour la découvrir. Dès qu'il la connaît,
« il en est le protecteur, et pour la faire
« triompher avec éclat il met en œuvre les
« ornements de l'art et de la parole. »

Les sieurs Bonnet et Morin répondirent
par l'organe de leur avocat, maître Bonnamour :

« Un Prêtre Prieur Claustral d'une ab-
« baye et une femme mariée, auteurs d'une
« cruelle et sanglante tragédie, paraissent
« l'ouvrir par l'adultère et le sacrilège, et
« la terminer par l'assassinat et le meurtre
« dont ils tâchent d'éviter la punition en
« appelant à leur secours un chaos presque
« impénétrable de procédure. C'est la res-
« source ordinaire des criminels qui, après
« avoir affecté le secret dans les crimes
« qu'ils commettent, croient avoir si bien
« pris leurs précautions qu'ils peuvent
« tromper les lumières des juges et leur dé-
« rober la vérité. »

Maître Bonnamour « reprocha » ensuite les témoins qui prétendaient avoir reconnu le sieur de la Pivardière.

« Le curé de Jeumaloche était l'ami du « prieur de Mizeray. Quant aux gens de « la paroisse, ils avaient tous eu plus ou « moins d'accointance avec le domaine de « Nerbonne ou le prieuré de Mizeray. Enfin « le sergent Chenu, qui prétendait avoir été « à Auxerre sollicité par la dame de la Pi- « vardière, et y avoir reconnu son mari, était « connu comme un ivrogne invétéré. Même « il avait passé deux ans sur les galères du « roi pour expier quelques fautes de jeu- « nesse. Quelle vraisemblance d'ailleurs, « que Louis Dubouchet, huissier à Auxerre, « vivant en concubinage avec une fille d'au- « berge, fût le même que Charles-Louis de « la Pivardière, seigneur de Nerbonne, du « Plessis et de Villemexant ! »

Maître Bonnamour termina en soutenant que les sieurs Bonnet et Morin n'avaient fait que leur devoir en poursuivant de tous les pouvoirs que leur donnait l'Ordonnance Criminelle, la vengeance d'un crime qui avait soulevé l'opinion publique.

Enfin maître Portail, avocat général, prit la parole. Dans ses conclusions il remit les choses au point avec un grand esprit de justice et une vive clarté de bon sens. Écartant les broussailles de la chicane, il mit en lumière l'incertitude des témoignages et le nœud du procès qui était la comparution du sieur de la Pivardière ou la preuve absolue de sa mort, la dame de la Pivardière prétendant qu'il vivait à Auxerre sous le nom de Dubouchet, et le sergent Chenu assurant l'y avoir reconnu malgré qu'il n'en ait pu donner la preuve. Avant de rendre un jugement définitif, il fallait s'assurer par tous moyens possibles de la personne du soi-disant Dubouchet, et reconnaître s'il était vraiment de la Pivardière. Jusque-là on resterait dans le chaos.

« Plaise ordonner que Louis Dubouchet,
« soi-disant de la Pivardière, sera pris au
« corps et mené en prison pour répondre
« aux conclusions que le substitut du procu-
« reur général voudra prendre contre lui.
« Enjoindre au lieutenant criminel, en pro-
« cédant à la confrontation des témoins avec
« les accusés les uns contre les autres, de
« leur faire déclarer si le Dubouchet présent
« est bien le sieur de la Pivardière, dont ils
« ont entendu parler dans leurs dépositions
« et interrogatoires. Et lorsqu'il recevra les
« déclarations faites par les accusés de leur
« en faire lecture. Lui faire défense d'inter-
« peller les témoins dans les confrontations.
« Lui faire aussi défense en procédant à
« l'audition des témoins de les interroger.
« Lui enjoindre lorsqu'il prendra pour gref-
« fier un autre que celui de la juridiction
« ordinaire, de lui faire prêter serment sui-
« vant l'Ordonnance.

« Ordonner que les informations et autres

« procédures faites au siège de Chatillon et
« de Romorantin seront portées au greffe
« de la Chambre de la Tournelle, en Parle-
« ment de Paris, et les prisonniers transfé-
« rés sous bonne et sûre garde dans les pri-
« sons de la dite ville... »

VIII

Par un phénomène psychologique très
explicable d'ailleurs, il advint que Marie-
Élisabeth n'avait jamais tant aimé Dubouchet que depuis son retour de Nerbonne. La
pensée qu'elle avait failli l'envoyer à la mort
et qu'il l'avait bravée pour elle, le lui faisait
voir sous un jour nouveau comme dans une
auréole d'héroïsme. Elle était aussi, très
humainement, émue d'apprendre qu'il
n'était pas un petit employé au « Terrier »,
mais un gentilhomme de bonne souche qui,
par amour pour elle, avait quitté une existence seigneuriale pour venir vivre dans une

auberge en exerçant un très humble emploi de roture. Peu de marques d'amour valent celle-là.

Pour toutes ces raisons et pour d'autres encore, lorsque Dubouchet, à son retour de Nerbonne, s'était jeté dans ses bras en lui contant les résultats de son voyage, elle ne lui avait pas tenu rigueur. Puisque personne ne voulait que La Pivardière fût vivant, adieu la Pivardière et vive Dubouchet !

En somme personne, à Auxerre, ne connaissait son histoire, excepté le prieur et sa mère. Marie-Élisabeth était assurée de la discrétion de M. Courcier à qui elle avait conté ses peines comme au confessionnal. Marie Caillant était plus bavarde, mais son affection pour sa fille et l'intérêt de son commerce devaient lui lier la langue. Pendant quelques jours elle avait affecté de ne pas parler à son faux gendre et de le considérer comme un intrus dans la maison. Quand elle passait devant lui elle soupirait. Et puis elle se résigna. Quinze jours après le retour de Dubouchet dans son faux ménage, la vie avait repris son train ordinaire à l'auberge du *Cerf Volant*.

Cette situation se prolongea pendant quelques mois jusqu'à l'arrivée d'un personnage vêtu de noir qui s'appelait Sousmain et venait de Châtillon-sur-Indre où il exerçait la profession de notaire.

Il avait été en relations suivies avec le sieur de la Pivardière parce que c'était dans son étude que se faisaient tous les baux de Nerbonne et, de plus, il était garde-notes auprès du Bailliage. Pour cela, le procureur du roi, sur l'invitation expresse de maître Portail, l'avait envoyé à Auxerre avec commission rogatoire de conduire à Paris et de mener en prison, sans agir de rigueur, autant que faire se pouvait, le mystérieux Dubouchet de la Pivardière.

L'ayant rencontré à l'auberge du *Cerf Volant*, il lui exposa courtoisement l'objet de

sa visite. Mais il eut la surprise de découvrir
que Dubouchet refusa absolument de se
faire reconnaître pour « la Pivardière », et
surtout d'aller se constituer prisonnier, ès-
prisons de Paris. Il considérait que toute son
histoire était définitivement conclue par son
voyage à Nerbonne et ses essais loyaux mais
infructueux pour se faire reconnaître vivant.
Il pria le sieur Sousmain de le laisser tranquille chez lui et de s'en retourner à Châtillon. Le sieur Sousmain eut beau lui promettre qu'il ne lui serait fait aucun mal,
Dubouchet lui répondit assez judicieuse-
ment qu'une fois en prison il se trouverait
pris dans une ratière et qu'on ferait de lui
ce qu'on voudrait. Le sieur Sousmain igno-
rait d'ailleurs à ce moment qu'il était marié
avec Marie-Élisabeth Pillard et susceptible
d'être condamné pour bigamie. Il ne l'apprit que plus tard et par la suite des événements.

Donc le sieur Sousmain lui répliqua, qu'à

son grand regret, s'il ne voulait le suivre de bon gré, il serait obligé de réquisitionner la maréchaussée d'Auxerre et de le faire conduire à Paris sous bonne garde. Le sieur de la Pivardière s'irritant sortit de son caractère et menaça le sieur Sousmain de l'enfermer dans la cave jusqu'à ce qu'il se fût enfui d'Auxerre avec sa femme et ses enfants.

Sur quoi le sieur Sousmain, qui était aussi d'un tempérament très vif, voulut prendre au collet le sieur de la Pivardière. Lequel lui bâilla un grand coup de poing sur la figure qui commença de saigner. Alors intervint Marie-Élisabeth qui venait du marché. Elle commença par séparer les combattants, apporta au sieur Sousmain une casserolée d'eau chaude afin qu'il se lavât le visage et ensuite se fit expliquer la cause de la querelle.

Après l'avoir entendue, elle demeura un moment silencieuse, et puis pria les deux hommes de l'attendre à l'auberge en buvant une bouteille de vin d'Excideuil. Et elle s'encourut au presbytère de l'église Saint-Eusèbe.

Quand elle revint, une heure plus tard, les sieurs de la Pivardière et Sousmain étaient les meilleurs amis du monde. C'est l'effet ordinaire du vin d'Excideuil ; il dispose aux sentiments affectueux les personnes qu'il n'incommode pas.

Marie-Élisabeth paraissait transfigurée. Il y avait dans ses yeux une flamme d'héroïsme et dans toute sa personne un « je ne sais quoi » de décidé qui lui allait d'ailleurs à ravir.

Avant toute explication elle demanda d'abord au sieur Sousmain s'il lui serait possible d'ajourner jusqu'à la semaine prochaine son mandat d'amener le sieur de la Pivardière dans les prisons de Paris. Pendant ce temps, il pourrait, s'il le voulait, loger à l'auberge du *Cerf Volant*, gratuitement, bien entendu, afin d'y surveiller son prisonnier.

La procédure autrefois était aussi lente que maintenant. Elle pouvait bien attendre quelques jours la comparution du sieur de la Pivardière. D'ailleurs le sieur Sousmain avait en son étude un clerc dont il était sûr et il consentit volontiers à se donner cette semaine de vacances.

Et voici comment la petite Marie-Élisabeth Pillard, fille d'un huissier cabaretier d'Auxerre, fut reçue à Versailles par Madame de Maintenon et par le roi Louis XIV. Elle a raconté maintes fois cette histoire extraordinaire qui fut le point culminant de son existence, et c'est pourquoi la tradition orale s'en est perpétuée à Auxerre.

D'abord, munie d'une lettre de recommandation de M. Coursier, elle avait été à Chartres voir Mgr Godet des Marets, confesseur de madame de Maintenon, qui la mena à Versailles dans son carrosse épiscopal. Là, dans la galerie des Glaces, il l'avait laissée seule quelques instants pendant qu'il était chez madame de Maintenon. Marie-Élisabeth avait mis ses plus beaux habits du dimanche, corsage de velours, tablier de satin rouge, coiffe de dentelle, bas fins et petits souliers à boucle d'argent. Elle était très émue, naturellement, mais ne se sentait pas gênée. Tandis qu'elle s'émerveillait des tableaux et des tapisseries qui ornaient la célèbre galerie, des courtisans passaient en la lorgnant. Enfin M. de Cossé, capitaine des Gardes, vint la chercher et la mena chez la marquise.

Dans une petite chambre bleue, madame de Maintenon était blottie au fond d'une espèce de niche recouverte de damas rouge. Bien que ces derniers jours d'août fussent particulièrement chauds, un feu de bois flambait dans la cheminée. Il régnait dans la petite pièce une température suffocante.

D'un côté de la cheminée, il y avait un grand fauteuil recouvert de tapisserie, de l'autre côté un pliant, et auprès du pliant un guéridon. Madame de Maintenon, toute vêtue de noir, portait une haute coiffe de deuil qui lui donnait l'apparence d'une mère abbesse.

Elle avait un teint d'une fraîcheur de jeune femme, et ses yeux calmes exprimaient la réflexion et la finesse. A côté d'elle, Monseigneur Godet des Marets, vêtu comme un pauvre curé de campagne, portait la mine basse, une figure longue, mal rasée. Il tenait ordinairement les yeux baissés, mais quand il les levait, son regard paraissait radieux de bonté.

Lorsque Marie-Élisabeth entra dans la chambre, il se leva, alla vers elle, lui prit la main et la mena devant madame de Maintenon. La jeune femme se jeta aux genoux de la marquise qui la releva aussitôt, la fit asseoir à côté d'elle sur le pliant, et l'engagea à lui exposer sa requête.

Marie-Élisabeth avait déjà fait deux fois le récit de ses malheurs. D'abord, au prieur curé de Saint-Eusèbe. C'était lui qui lui avait donné l'idée d'aller demander au Roi un sauf-conduit pour M. de la Pivardière, afin qu'il pût se faire mettre en prison sans risquer d'être poursuivi pour le chef de bigamie. Ensuite M. Coursier l'avait adressée à Monseigneur Godet des Marets, et dans l'oratoire du Palais épiscopal de Chartres, elle avait raconté au prélat toute son histoire. Elle la répéta encore à madame de Maintenon un peu comme une leçon qu'elle savait par cœur, mais avec une émotion qui la rendait vivante, héroïque et douloureuse.

La toute-puissante marquise, quasi reine de France, l'écouta attentivement. Quand elle eut fini, elle lui promit de parler d'elle au Roi qu'elle attendait d'un moment à l'autre, au retour de sa promenade dans ses jardins. A ce moment la porte de la chambre fut ouverte, cette fois à deux battants.

M. de Cossé, la main sur son épée, annonça :

Le Roi !

Louis XIV entra dans la chambre. Il était, paraît-il, vêtu d'un habit de satin brun, avec un très petit galon d'or, et il tenait à la main un chapeau gris garni de point d'Espagne. A son entrée madame de Maintenon demeura assise, tandis que Monseigneur Godet des Marets se levait et allait au-devant du Roi. Marie-Élisabeth sentait que la tête lui tournait, et rappelait tout son courage pour ne pas défaillir. Cependant elle fut encore frappée par ce détail singulier, que le Roi parut d'abord ressentir vivement les effets de la chaleur qui régnait dans la pièce. Aussitôt madame de Maintenon tira la sonnette qui pendait à côté de la cheminée. Une vieille femme, vêtue de sa défroque, et qui la singeait tellement que cela faisait un spectacle comique, sortit d'un cabinet contigu et ouvrit la fenêtre.

L'air pur entra dans la chambre. Le Roi respira longuement et remercia madame de Maintenon d'un sourire. Monseigneur Godet des Marets s'inclina devant lui. Le Roi baisa l'anneau d'améthyste qu'il portait au doigt. Alors seulement il parut voir Marie-Élisabeth. Elle se précipita à ses genoux et il la releva avec bonté.

Madame de Maintenon lui dit comment la jeune femme était venue d'Auxerre pour lui adresser sa requête, mais d'abord n'avait pas osé l'aborder directement, inquiète d'être si éblouie par la majesté royale, que la parole lui eût manqué. Louis XIV répondit à la marquise que Marie-Élisabeth n'aurait pu choisir un meilleur truchement, et qu'il serait content qu'elle lui exposât elle-même sa demande.

Ainsi, pour la troisième fois, Marie-Élisabeth recommença son récit. Quand elle l'eut terminé, le Roi lui dit :

« Vous aurez votre sauf-conduit pour le sieur de la Pivardière. »

Et il ajouta, en la regardant d'un certain regard :

« Il est vraiment dommage qu'une fille faite comme vous ne soit pas plus heureuse. »

Après quoi il tendit sa main à Marie-Élisabeth qui la couvrit de baisers, sans se soucier de l'étiquette.

Comme elle allait se retirer avec M. de Chartres, une toute jeune femme, très brune, l'air espiègle, des yeux noirs pleins de feu, entra dans la pièce en coup de vent. Marie-Élisabeth remarqua tout de suite qu'elle avait les dents gâtées.

La figure du Roi s'éclaira. Il lui dit quelques mots de bienvenue, en l'appelant « Draco ». Marie-Élisabeth, trop émue, ne

distinguait pas ses paroles, mais il lui semblait bien que le Roi parlait d'elle.

Enfin la jeune femme, avec une grâce ca-
ressante, s'approcha de Marie-Élisabeth et la
prit par la main :

« Venez, ma chère, je veux vous donner
« la collation, et mes dames d'honneur se-
« ront, comme moi, ravies de vous con-
« naître. »

Ce soir-là Marie-Élisabeth vécut un conte
de fée. La duchesse de Bourgogne, s'étant
coiffée d'elle, exigea qu'elle soupât à son
petit couvert et lui fit préparer un lit dans
son appartement.

Le lendemain, elle envoya chercher à la
Chancellerie le sauf-conduit préparé pour
M. de la Pivardière, et elle voulut que Marie-
Élisabeth revînt à Auxerre dans un de ses
carrosses.

Quand, trois jours plus tard, la lourde voi-

ture d'apparat, tirée par quatre chevaux
blancs, passa sous la porte Fécaud, l'officier
du guet salua de l'épée et les sergents se mirent au port d'armes. Dans la rue du Pont
et la rue Chantepinot, tout le monde était
aux fenêtres. Marie-Élisabeth, un peu hon-
teuse, tâchait de se cacher au fond de la voiture. Sur la place du *Cerf Volant*, la population s'amassait déjà, prévenue par les
gamins qui couraient devant l'équipage.

M. de la Pivardière et le sieur Sousmain
étaient devant la porte de l'auberge avec
Marie Caillant. Le valet de pied qui se tenait
à côté du cocher sauta du siège, ouvrit la
portière, baissa le marchepied et Marie-
Élisabeth mit vivement pied à terre. Elle prit
soin, d'abord, que l'on plaçât les chevaux à
l'écurie, le carrosse dans la remise, et qu'on
installât les hommes de la livrée dans les
meilleures chambres de l'auberge. Ensuite,
le plus simplement du monde, comme si
toutes ces grandeurs lui étaient familières,

elle raconta son voyage à Versailles et tira de
son corsage le sauf-conduit écrit sur parche-
min, aux armes de France. Dubouchet était
si ému qu'il pria le sieur Sousmain de le lire
tout haut.

« De par le roi,
« Sur ce qui a été représenté à Sa Majesté,
« par un Placet donné sous le nom de Louis
« de la Pivardière, sieur Dubouchet, ci-de-
« vant lieutenant au régiment de Sainte-
« Hermine, qu'à l'occasion de son absence,
« dame Marguerite Chauvelin, son épouse,
« ayant été accusée et poursuivie pour pré-
« tendu crime d'assassinat, commis en la
« personne du dit sieur Dubouchet, étant
« donné que les juges n'ont point eu égard
« aux certificats, enquêtes et informations
« qui témoignent que le dit sieur Dubou-
« chet est vivant, il ne lui reste d'autre
« moyen pour faire cesser les poursuites qui
« se font contre sa femme et les prétendus

« complices du dit assassinat, que de prou-
« ver son existence par la représentation de
« sa personne.

« Mais le dit sieur Dubouchet, par des en-
« gagements d'une situation malheureuse,
« se trouvant d'ailleurs prévenu du crime
« de bigamie, il n'oserait se représenter
« dans la crainte d'être lui-même poursuivi
« et constitué prisonnier pour raison du
« dit fait de bigamie.

« De sorte qu'il se trouve obligé d'avoir
« recours à Sa Majesté.

« Le suppliant, très humblement, de vou-
« loir bien lui accorder un sauf-conduit au
« moyen duquel il puisse venir et par sa
« présence justifier l'innocence de sa
« femme.

« A quoi Sa Majesté, ayant égard, Sa Ma-
« jesté a accordé et accorde au ledit Louis
« de la Pivardière, sieur Dubouchet, Sauf-
« Conduit de sa personne, pour trois mois,
« pendant lesquels Elle le prend et met sous

« Sa Protection et sauvegarde spéciale, par
« ces Présentes Mandant et ordonnant Sa
« Majesté, à tous Gouverneurs et Lieute-
« nants Généraux de ses provinces, inten-
« dants es-Icelles, Gouverneurs particuliers
« de ses Villes et Places, Maires échevins et
« Magistrats de lesdites villes, et tous autres
« Ses Officiers qu'il appartiendra, de laisser
« passer, aller, venir et séjourner, seur-
« rement et librement le dit sieur Dubou-
« chet, dans ledit temps de trois mois, sans
« permettre ni souffrir que pour quelque
« cause et quelque prétexte que ce puisse
« être, il soit atteint à sa personne, ni qu'il
« soit inquiété en aucune manière.

« Défend très expressément Sa Majesté, à
« tous Juges, Prévôts de la maréchaussée,
« vice-baillis, vice-sénéchaux, lieutenants
« et tous autres Officiers de Robe-courte,
« d'attenter à sa personne. Comme aussi à
« tous huissiers, sergents et archers de met-
« tre à exécution aucuns décrets, sentences,

« jugements et arrêts de condamnation con-
« tre ledit sieur Dubouchet. De quelques
« Cours et Juges qu'ils soient et même de
« la Cour du Parlement de Paris et, pour
« quelques sujets que ce puisse être, et, à
« tous géôliers et gardes de prisons, défend
« de le recevoir esdites prisons, et le tout
« durant le temps de trois mois, à peine con-
« tre les Contrevenants de mille livres d'a-
« mende et d'interdiction de leurs charges.

« Car Tel est Notre Plaisir.

« Donné à Versailles le vingt-sixième jour
« du mois d'août mil six cent quatre vingt
« dix-neuf.

« Signé :

« Louis,

« et plus bas : Le Tellier. »

Quand il eut terminé la lecture, le sieur
Sousmain déclara la pièce en bonne et due
forme. M. de la Pivardière était silencieux,

agité par plusieurs sentiments contraires.

Enorgueilli de l'extraordinaire démarche de Marie-Élisabeth et du succès qu'elle avait eu, de plus en plus amoureux d'elle en la voyant ainsi monter au pavois, il songeait douloureusement que le sauf-conduit que le Roi venait de lui accorder marquait la fin de son bonheur. Désormais, il n'y avait plus de Dubouchet, huissier royal à Auxerre, et mari d'une femme qu'il adorait. La Pivardière ressuscitait ! Et il trouvait que c'était un pesant honneur. Il pensait aussi que si Marie-Élisabeth l'avait aimé de la même passion, elle aurait préféré s'enfuir avec son enfant et lui que de risquer de le perdre.

Comme il avait du cœur et de la race, il se ressaisit rapidement. Puisque le vin était tiré, il fallait le boire en souriant. Le temps pressait, le sauf-conduit ne lui donnant que trois mois de sauvegarde. Il déclara qu'il avait l'intention de partir le lendemain matin pour Paris afin de s'y faire écrouer dans la prison de For l'Évêque qui était la maison de détention aristocratique à cette époque.

Le sieur Sousmain l'approuva vivement et s'offrit à l'accompagner. Marie-Élisabeth ne s'y opposa pas. Cependant, il était manifeste qu'elle se retenait pour s'empêcher de pleurer devant sa mère et le sieur Sousmain. Quand ces deux personnes se furent retirées, elle se jeta dans les bras de Dubouchet et longtemps sanglota la tête sur son épaule.

M. de la Pivardière aurait voulu faire le voyage à cheval, mais M. Sousmain qui l'accompagnait était pauvre cavalier et l'ex-Dubouchet n'était pas fâché d'avoir ce compagnon de voyage pour le distraire de ses sombres pensées. Ils résolurent de voyager tout bourgeoisement dans la voiture publique. Or il se trouva qu'elle ne partait que le surlendemain, tandis que le « Coche d'eau » se mettait en route à midi. M. de la Pivardière se sentait maintenant pressé de ne pas prolonger une situation douloureuse et il prit le parti de voyager par le « Coche d'eau ».

C'était une grande barge d'environ quinze mètres de long, mue par douze rameurs et une voile quand le vent s'y prêtait. Elle pouvait contenir une vingtaine de voyageurs. Partie d'Auxerre au port Saint-Nicolas, elle arrivait à Paris et accostait au quai Saint-Paul, trois jours après. Les relais et couchées se faisaient à Montereau et à Melun. Le voyage coûtait sept livres. Le prix des auberges le faisait monter à trente livres (plus que le chemin de fer de nos jours, même en ces temps de vie chère). Comme il n'y avait ni cabine, ni entrepont pour s'abriter, le voyage était charmant à condition qu'il ne fît ni trop chaud ni trop froid et qu'il ne tombât ni pluie ni neige.

Sur le port Saint-Nicolas, il y avait toujours affluence de badauds pour voir partir le coche d'Auxerre. Quand Marie-Élisabeth

arriva vers le coup de midi avec les sieurs
de la Pivardière et Sousmain, un murmure
s'éleva. On les dévisageait curieusement.
Cela brusqua leurs adieux. Un quart d'heure
après, la cloche sonna, la passerelle fut re-
tirée, les amarres ôtées et le coche se mit en
route. Marie-Élisabeth le suivit des yeux en
agitant son mouchoir jusqu'au premier
coude de la rivière, en face des coteaux
d'Excideuil où elle avait passé tant de gais
dimanches avec Dubouchet dans la guinguette du *Bon Vivant*. A l'avant du bateau,
M. de la Pivardière agitait aussi son mouchoir et il avait bien envie de pleurer.

IX

La prison de For l'Évêque était située sur
le quai de la Mégisserie (exactement à la
place de l'immeuble qui porte actuellement
le numéro 22), mais la porte d'entrée s'ou-
vrait dans la rue Saint-Germain-l'Auxerrois.

La prison consistait en un bâtiment qua-
drangulaire, d'un seul étage, bâti autour
d'un préau central sur une étendue d'à peine
cent toises carrées. Les cachots étaient sou-
terrains et l'humidité de la Seine en péné-
trait les murs. Il n'y faisait jamais jour et
l'air n'y était renouvelé que par un petit
trou dans l'épaisse muraille. C'était en

vérité des pourrissoirs. Mais, les cellules autour du préau étaient plus confortables. Il y avait des chambres dites à « la pistole » parce que les occupants payaient une pistole de location par semaine ; dans chacune d'elles on logeait deux détenus. Les chambres particulières étaient louées vingt livres par semaine. Les détenus qui pouvaient payer la pension avaient le droit de faire préparer leurs repas par le guichetier.

En descendant du coche, MM. de la Pivardière et Sousmain, après avoir copieusement dîné à l'auberge, se présentèrent au greffe de la prison. Ils y trouvèrent tout le personnel en révolution. Trois détenus venaient de s'évader, dont un commis des douanes qui devait être libéré le lendemain matin... Il y a des gens singulièrement pressés !...

Le guichetier Guardet accueillit M. de la Pivardière sans amabilité. Personne n'était prévenu de son arrivée et il n'y avait pas de chambre libre dans la prison. Alors M. de la

Pivardière mit sous les yeux dudit Guardet le
Sauf Conduit du roi et cet homme, aussitôt
changeant de ton, lui dit qu'il fallait d'abord
qu'il rédigeât une demande d'emprisonnement volontaire. Il trouverait au Petit Chatelet un huissier qui lui en donnerait la for-
mule. Les sieurs de la Pivardière et Sousmain
s'en furent au Petit Chatelet et s'adressèrent
à maître Deuillet, huissier à verge qui,
moyennant cinquante livres trente sols, leur
délivra l'acte suivant. M. de la Pivardière fit
d'ailleurs remarquer au sieur Sousmain qu'à
Auxerre il aurait rédigé le même acte pour
vingt livres ou six écus neufs et peut-être
plus clairement.

« Extrait des Régistres de la prison royale
« du For l'Évêque à Paris, du quatre sep-
« tembre mil six cent quatre-vingt-dix-neuf.
« Emprisonnement volontaire du sieur de
« la Pivardière Dubouchet, à l'effet de jus-
« tifier qu'il est véritablement Louis de la

« Pivardière, écuyer sieur Du Bouchet,
« mary de dame Marguerite Chauvelin de
« Menou.

« Le sieur Louis de la Pivardière, écuyer
« sieur Du Bouchet, s'est remis et rendu vo-
« lontairement es la Prison Royale de céans
« sur l'avis qu'il a eu que par arrêt du tri-
« bunal du bailliage de Romorantin, il a
« été décerné décret de prise de corps, à la
« requête de M. le Procureur du Roi contre
« Louis Dubouchet se disant de la Pivar-
« dière, dans la présupposition que lui sieur
« de la Pivardière s'étant fait reconnaître
« pour le mari de dame Marguerite Chau-
« velin était une personne qui se supposait
« être lui sieur de la Pivardière mari de la
« dite Marguerite Chauvelin et attendu que
« c'est lui sieur de la Pivardière qui a été
« reconnu être le dit sieur de la Pivardière,
« se constitue prisonnier volontairement à
« l'effet de justifier qu'il est véritablement
« Louis de la Pivardière écuyer, sieur Du

« Bouchet, mari de dame Marguerite Chau-
« velin, sans approuver le dit arrêt du Tri-
« bunal de Romorantin et aux protestations
« de se pourvoir contre icelui en temps et
« lieu, ainsi et par les voyes qu'il avisera
« bon etre et sans déroger au sauf conduit
« que le roi a eu la bonté de lui accorder le
« vingt-six août dernier, et pour lequel s'est
« soussigné sur le présent écrou.

> « *Signé :* LOUIS DE LA PIVARDIÈRE
> « DU BOUCHET, délivré par moi
> « commis greffier.

> « *Signé :* DEUILLET. »

Le lendemain, M. de la Pivardière put
enfin se mettre en « état » dans la prison de
For l'Évêque. Une chambre particulière se
trouva libre et il y invita à souper maître
Sousmain qui repartit le lendemain matin
pour Châtillon-sur-Indre. M. de la Pivardière vécut là sans trop de désagrément pen-

dant plus de dix-huit mois. Excepté le chagrin qu'il avait de ne pas voir Marie-Élisabeth, qui se faisait un point d'honneur de
ne pas venir le visiter, son indolence mu-
sarde s'accoutumait assez bien du régime
de cette prison de famille.

Au mois de mai 1700, il y eut devant la
Chambre des Requêtes, un premier débat,
à l'issue duquel il obtint de faire entériner
la lettre en forme de requête qu'il avait
adressée au Parlement pour demander qu'il
fût informé de son existence.

« Comme étant Louis de la Pivardière,
« écuyer sieur Dubouchet, né à la paroisse
« de Poulaine le 15 novembre seize cent
« soixante et un du mariage d'Antoine de la
« Pivardière, écuyer sieur Dubouchet et du
« Plessis et de dame Marie de Betoulet de
« Saint-Christophe et qu'il a épousé dame
« Marguerite Chauvelin en l'année seize cent
« quatre-vingt-douze dans l'église de Jeu-
« maloche et qu'il demeure actuellement

« dans la maison de Nerbonne, paroisse de
« Jeumaloche et en conséquence ordonne
« qu'il sera dès à présent procédé à la re-
« connaissance de sa personne devant tel des
« Messieurs qu'il plaira à la Cour de com-
« mettre. »

Enfin le fond du procès fut appelé en Parlement le douze juillet mil sept cent un.

Normalement il devait être jugé dans la
Chambre de la Tournelle. Mais tout Paris
s'en occupait. La démarche héroïque de
Marie-Élisabeth avait fait grand bruit à la
cour et à la ville. La singularité de l'aventure, ce qu'elle avait de romanesque et de
mystérieux, défrayait toutes les conversa-
tions. D'ailleurs, la dame de la Pivardière,
transportée de Chatillon-sur-Indre à la prison de la Conciergerie y recevait beaucoup
de monde, et le prieur de Mizeray à Sainte-
Pélagie était très entouré.

La personnalité des avocats était aussi un
gros élément de curiosité ; maître Nivelle,

avocat de la Pivardière, était un des maîtres
du barreau de Paris. D'Aguesseau, avocat
général, n'avait encore que vingt-trois ans,
mais il passait déjà pour « l'Aigle du Palais » avant de devenir chancelier de France.

Afin de permettre aux Ducs et pairs d'assister aux Audiences suivant leur droit héré-
ditaire, le Roi décida que l'affaire serait jugée à la Grand'Chambre.

La Grand'Chambre siégeait en grande
audience les jeudis après midi pour la connaissance des causes où l'autorité royale
était impliquée. Ce jour-là, les conseillers
et les présidents étaient en grands habits,
assis sur de hauts fauteuils. Les lundi, mercredi et vendredi étaient réservés aux causes
civiles : les conseillers, en robes noires et
bonnets carrés, les Présidents en robes noires
et bonnets à mortier rehaussés d'un galon

d'argent. Les audiences s'ouvraient à six heures du matin et duraient jusqu'à dix heures.

La Grand'Chambre était une pièce rectangulaire tendue de damas bleu fleurdelisé. Dans un angle, il y avait un fauteuil placé sous un dais. C'était le « Coin du Roi ». Le Roi y assistait aux séances d'ouverture et aux lits de justice. De chaque côté du « Coin du roi », il y avait des bancs recouverts de velours bleu fleurdelisé. A droite, s'asseyaient les Présidents à mortier qui n'étaient pas occupés dans les autres chambres. Le banc de gauche était réservé aux ducs et pairs. Par une malice du premier Président, M. de Maisons, le banc des Présidents avait été rembourré plus fortement que celui des ducs et pairs, de sorte qu'ils étaient assis un peu plus haut. Les « Gens du roi », c'est-à-dire les avocats qui représentaient l'Autorité Royale, s'asseyaient sur un banc vis-à-vis de celui des ducs et pairs. Les partis n'assistaient pas aux séances. Ainsi M. de la Pivardière fut dispensé de revoir la dame Chauvelin du Menou, pour laquelle il s'était fait mettre en prison.

La première audience fut donnée devant une salle comble, malgré l'heure matinale.

Maître Nivelle plaida d'abord pour le sieur de la Pivardière. Le fond de sa plaidoirie fut la reconnaissance du sieur de la Pivardière. Pour assurer qu'il était le véritable et non un imposteur qui avait pris ses noms et qualités, il donna trois preuves ; son interrogatoire, la déposition des témoins et la vérification des écritures. Maître Nivelle poursuivit en accusant maître Morin, Procureur du roi de Châtillon-sur-Indre, de s'être laissé emporter par la passion dans l'enquête qu'il fit pour établir le prétendu assassinat du sieur de la Pivardière. Il offrit de prouver que le Juge lui-même avait répandu dans la chambre du sieur de la Pivar-

dière le sang dont il avait dressé un procès-
verbal et qu'il avait fait remettre de la paille
fraîche dans la paillasse. Il demanda qu'on
éclaircît ce mystère... et que la Justice donnât par la punition exemplaire des officiers
de Châtillon, une leçon qui retraçât aux
Juges leur devoir.

Après lui, maître Gandouin, avocat du
prieur de Mizeray, et maître Martinet, avocat de la dame de la Pivardière, adhérèrent à
ses conclusions et employèrent ses moyens.
Enfin, maître Daguesseau, Avocat Général,
prit la parole. Il débuta ainsi :

« La singularité des faits, les révolutions
« surprenantes que l'artifice des accusés ou
« la force de la vérité, ont fait paraître dans
« cette cause, l'opposition perpétuelle qui
« règne dans toutes ses parties entre le vrai
« et le vraisemblable, et tout ce qu'un
« peuple curieux, avide de prodiges et ama-
« teur de la nouveauté, vient admirer dans
« votre audience, n'est point ce qui occupe

« notre esprit en commençant ce discours.
« Une vue plus élevée, un objet plus noble
« et plus important attache tout d'abord
« notre application. C'est l'état dans lequel
« cette cause célèbre est portée aujourd'hui
« devant vous.

« Ce n'est point ici une de ces causes or-
« dinaires, où la Justice incertaine entre les
« présomptions opposées, cherche le Crime
« à regret et se flatte toujours de trouver
« l'Innocence. C'est un de ces tristes spec-
« tacles que la malice de l'homme présente
« quelquefois à la sévérité de la Loi, dont
« la fin toujours funeste ne montre de loin
« que des crimes à punir, où l'innocence de
« l'accusé devient la conviction de l'accu-
« sateur, où le juge même est coupable si
« l'accusé ne l'est pas, et où la Justice trop
« assurée de trouver un crime ne peut plus
« hésiter que sur la qualité du crime et le
« choix du criminel.

« Il y a un crime commis. Mais quel est

« ce crime ? Est-ce l'assassinat et l'impos-
« ture que l'on reproche aux accusés? Est-ce
« la prévarication et la calomnie que l'on
« reproche aux juges? Qui pourra démêler
« cette vérité importante, au travers de tous
« les nuages qui l'environnent?

« Sera-ce ce soi-disant la Pivardière que
« la Providence nous envoie pour porter le
« jour et la clarté dans les ténèbres de cette
« cause !...

« Pour nous, qui dans cette affaire de-
« vons unir s'il est possible la modération
« d'un juge au zèle et à la fermeté d'un
« accusateur, nous suivrons le sieur de la
« Pivardière dans les trois états différents
« dans lesquels les juges doivent également
« le considérer.

« Envisageons-le d'abord dans les bras de
« la mort. Voyons-le ensuite sortir de son
« tombeau et renaître de ses cendres. Et
« après l'avoir représenté comme mort et
« comme vivant, attachons-nous à son

« véritable état, c'est-à-dire à cet état d'in-
« certitude entre la vie et la mort où nous
« devons le supposer par rapport à l'ordre
« de la Procédure.

« Car Louis de la Pivardière réunit en lui
« des qualités si incompatibles et des con-
« trariétés si étonnantes, qu'il semble ren-
« fermer en sa personne deux esprits et
« deux corps, c'est-à-dire deux hommes
« différents. L'un, gentilhomme d'une for-
« tune médiocre, mais d'une naissance dis-
« tinguée. L'autre, fils inconnu d'un bour-
« geois de Paris encore plus obscur que
« lui-même. L'un, officier du roi, attaché à
« son service, dans ses armées en qualité de
« lieutenant de dragons. L'autre réduit par
« la pauvreté à la condition peu honorable
« d'huissier royal dans la ville d'Auxerre.
« Le premier, mari de la dame Marguerite
« de Chauvelin. Le second, époux de la
« nommée Marie-Élisabeth Pillard.

« Enfin, l'un expirant au mois d'août par

« la main d'une femme, l'autre arraché avec
« peine des bras d'une autre femme, pour
« paraître dans une espèce de résurrection
« le défenseur de ses assassins et le libéra-
« teur de celle qu'on accusait de lui avoir
« ravi l'honneur et la vie.

. . . .

« Que celui qui se représente devant vous
« sous les traits de M. de la Pivardière soit
« un imposteur, cela est difficile à croire
« d'abord, au vu du sauf-conduit que lui a
« accordé Sa Majesté. Pourrait-on penser
« qu'Elle ait été dupe d'une pareille four-
« berie?

« Enfin s'il était un imposteur, quel inté-
« rêt l'animerait? Vient-il pour entrer dans
« une maison illustre afin d'y usurper le
« titre glorieux de fils et héritier d'une fa-
« mille distinguée et pour y recueillir une
« succession opulente? Aucune de ces rai-
« sons ne l'amène devant vous. Si c'est un
« personnage supposé, c'est le plus criminel

« mais en même temps le plus aveugle im-
« posteur qui ait jamais paru. Il l'est gratui-
« tement. Ce n'est pas assez, il l'est contre
« son intérêt. Deux titres font l'objet de son
« ambition : l'un est celui d'époux d'une
« femme soupçonnée d'adultère, l'autre ce-
« lui de bigame. Il ne peut avoir en vue que
« l'espérance d'être encore trompé, et la
« certitude de mourir. Quelle récompense
« assez forte pourrait l'engager à exposer
« ainsi son honneur et sa vie? Les accusés
« même paraissent-ils en état de la lui
« donner.

« Enfin la dame de la Pivardière et le soi-
« disant sieur de la Pivardière ont été inter-
« rogés plusieurs fois séparément. Leurs
« réponses sont précises et conformes. La
« seule contrariété dont nous devons rendre
« compte à la Cour, est, que le sieur de la
« Pivardière interrogé s'il n'a jamais eu de
« blessure au cours de sa vie aux armées,
« dit qu'il a reçu à la jambe un coup de

« pied de cheval. La dame de la Pivardière
« dit la même chose, mais elle ajoute que
« son mari porte à la cuisse une autre bles-
« sure. Le sieur de la Pivardière n'a point
« déposé de ce fait. Quoi qu'il en soit nous
« pouvons dire que peut-être n'a-t-il pas
« parlé de cette blessure parce qu'elle était
« trop légère et même si ancienne qu'il en
« avait perdu le souvenir. On a dit aussi que
« le soi-disant M. de la Pivardière était de
« constitution plus maigre que celui qui
« s'était présenté devant vous, mais on sait
« que l'état de maigreur du corps humain
« varie souvent dans le même individu.

« Une autre preuve est la vérification des
« écritures. Sept experts y ont travaillé et
« chacun, suivant la règle, a fait son rap-
« port séparément. Nous trouvons une con-
« formité entière. La seule chose qu'on
« nous objecte est que le sieur de la Pivar-
« dière a tantôt signé avec un double r et
« quelquefois avec un seul. Cette double r

« se trouve dans des pièces de comparaison
« qui sont des contrats de mariage, actes de
« foy et hommages, aveux et dénombre-
« ments. Nous ne nous arrêterons pas à
« cette différence quand nous voyons d'ail-
« leurs une parfaite conformité entre les
« pièces qu'on compare les unes aux au-
« tres. »

Maître d'Aguesseau demanda encore que
le Jugement d'Officialité qui accusait d'a-
dultère le prieur de Mizeray et la dame de la
Pivardière fût entaché de nullité par « abus
de procédure ».

En conclusion, il requit les juges de rendre leur jugement avec toute la liberté
d'esprit possible.

Enfin, le vingt-deux juillet mil sept cent
un, l'arrêt fut lu par le greffier principal
devant la Grand Chambre assemblée.

« La Cour, faisant droit sur le tout pour
« les cas résultant du procès,

« Après que Nivelle, avocat pour ledit de
« la Pivardière, Martinet, avocat pour la
« dame Chauvelin, Gondouin, avocat pour
« ledit Sylvain Charotz, ont été ouïs, en-
« semble Daguesseau, pour le procureur
« général du Roi, pendant quatre audiences,

« Donne acte à la partie de Nivelle de la
« reconnaissance de sa personne et en con-
« séquence, ordonne que la partie de Ni-
« velle sera élargie et mise hors des pri-
« sons. A ce faire, les greffiers et geôliers
« contraints par corps, quoi faisant, dé-
« chargés.

« Fait en Parlement le vingt-deux juillet
« mil sept cent un et prononcé au dit de la
« Pivardière, pour ce atteint au guichet des
« prisons de For l'Évêque, le vingt-troi-
« sième jour dudit mois.

« Ayant aucunement égard aux interven-
« tions de l'archevêque de Bourges et re-
« quête du dit Sylvain Charotz et de la
« dame de la Pivardière, dit qu'il a été mal,

« nullement et abusivement jugé par l'Offi-
« cial de Bourges en ce que le nom de la
« dame de la Pivardière est compris dans
« ladite sentence du sept février seize cent
« quatre-vingt-dix-neuf et au plus dit qu'il
« y a abus.

« Déclare la procédure faite par les juges
« de Chatillon-sur-Indre et ceux de Romo-
« rantin nulle. Renvoie ledit de la Pivardière
« et sa femme et ledit Charotz, de l'accusa-
« tion contre eux intentée, ordonne que les
« écrous fait de leurs personnes seront rayés
« et biffés.

« Renvoie la fille Marguerite Mercier pri-
« sonnière par devant le lieutenant criminel
« de Châtillon-sur-Indre. »

. . . .

***

La petite Catherine Lemoine était morte
pendant le procès. Marguerite Mercier fut

jugée pour faux témoignage par le Tribunal
de Châtillon, le quatorze novembre mil sept
cent un. Elle fut condamnée,

« A faire amende honorable, nus pieds,
« la corde au col, tenant en ses mains une
« torche ardente du poids de deux livres au
« devant de la principale porte de l'église
« de Châtillon-sur-Indre et là, étant à ge-
« nouil, dire et déclarer à haute et intelli-
« gible voix que, méchamment et mal avi-
« sée, elle a fait les fausses déclarations men-
« tionnées au procès, dont elle se repend et
« en demande pardon, à Dieu, au Roi et à la
« Justice. Ce fait, battue et fustigée nue de
« verges par les carrefours et lieux accou-
« tumés de la dite ville de Châtillon, et à
« l'un d'iceux, dit celui des Trois Bécasses,
« flétrie d'un fer chaud, marquée d'une
« fleur de lys sur l'épaule, d'être et ensuite
« bannie à perpétuité du ressort du Parle-
« ment. Lui enjoint de garder son ban aux
« peines portées par la déclaration du Roi,

« déclare tous ses biens situés en pays de
« confiscation acquis et confisqués à qui il
« appartiendra, sur iceux et autres non su-
« jets à confiscation, préalablement pris la
« somme de cinquante livres d'amende en-
« vers le dit Seigneur Roi. »

. . . .

La petite ville de Châtillon a peu changé
depuis le xviie siècle. Au coin de la rue Isorée
et la rue des Trois-Bécasses, il y a encore la
Place où fut fustigée et marquée au fer
chaud la pauvre petite servante. Les bourgeois de la ville regardaient son supplice des
mêmes fenêtres, dans les mêmes maisons.

Que devint-elle ensuite ? Personne ne le
saura jamais. Sans doute échoua-t-elle à
Paris dans les bas-fonds de la grande ville
où sombrent tant de misères. Pourquoi
avait-elle fait cette fausse déclaration ? Pourquoi s'y était-elle reprise après s'être rétrac-
tée, tandis que les autres témoins qui avaient
d'abord déposé avec elle contre la dame de

la Pivardière, s'étaient dérobés dès que le
juge les avait mis au pied du mur. Sans
doute faut-il voir dans son cas un besoin
hystérique de mentir, pour se donner de
l'importance. Mais à cette époque on ne connaissait pas les méfaits de l'hystérie. Du
moins, la Justice ne voulait-elle pas les constater.

X

Sitôt qu'il eut contresigné son ordre de mise en liberté sur le registre d'écrou de For-l'Évêque, M. de la Pivardière partit pour Auxerre, cette fois, dans une berline de poste afin d'aller plus vite. Et deux jours après il arriva tout débordant d'amour à l'auberge du *Cerf Volant* qu'il avait quittée dix-huit mois auparavant.

Marie-Élisabeth le reçut avec tendresse. Mais d'abord elle était préoccupée par la santé du petit Charles-Louis, menacé du typhus qui sévissait alors à Auxerre. Et elle avait encore une autre préoccupation que

M. de la Pivardière ne tarda pas à remarquer. Malgré sa joie de le revoir et toute l'affection qu'elle lui témoignait, il était évident que Marie-Élisabeth n'était plus avec lui la même qu'avant son départ. Il y avait dans ses façons d'être un je ne sais quoi de contraint, et il n'eut pas besoin de se casser la tête pour en comprendre la raison.

Dès le lendemain de son arrivée, Marie Caillant se chargea de la lui donner.

Avec douceur mais fermeté, elle lui représenta que son affaire avait fait beaucoup de bruit dans Auxerre.

« Tout le monde savait maintenant qu'il « était un gentilhomme et non pas un petit « huissier et qu'il n'était pas marié avec « Marie-Élisabeth. Le scandale retombait « sur elle et la situation ne pouvait durer. « Le mieux serait qu'il quittât la ville, mais, « en tout cas, il ne fallait pas qu'il demeu- « rât à l'hôtel du *Cerf Volant*. »

M. de la Pivardière trouva que ce discours

était malheureusement très fondé. Il s'en
fut aussitôt à l'hôtel du *Grand Monarque*
où il retint une chambre et quand il revint
à l'auberge, il dit à Marie-Élisabeth ce qu'il
avait résolu de faire. Elle l'embrassa et parut
soulagée d'un souci. Il en eut un gros chagrin. A l'hôtel du *Grand Monarque*, il fut
logé dans la chambre qu'il avait habitée lors
de son arrivée à Auxerre et comme autrefois
quand son amour pour Marie-Élisabeth
l'empêchait de dormir, il fut long à trouver
le sommeil... Ces insomnies sont ordinaires
au commencement et à la fin des amours.

Le matin suivant il vint voir Marie-Élisabeth au *Cerf Volant*. Et cette situation fausse
dura plusieurs semaines, pendant lesquelles
le petit Charles-Louis mourut.

M. de la Pivardière en fut très affecté. Il
était attaché à son enfant. Mais il était de
cette race d'hommes qui sont plus amants
que pères et il songeait surtout que par la
disparition de Charles-Louis, le dernier lien

qui l'attachait à Marie-Élisabeth venait de se rompre.

Quand il s'agit d'enterrer le pauvre petit, M. Courcier le pria de venir le voir au presbytère de Saint-Eusèbe et lui fit comprendre que pour éviter un scandale il valait mieux qu'il s'abstînt d'assister aux funérailles de son enfant. C'est pourquoi, sur le registre de la paroisse de Saint-Eusèbe, à la date du 6 octobre 1701, au bas de l'acte d'inhumation de Charles-Louis Dubouchet, la signature de son père ne figure pas au-dessus de celles des témoins.

Depuis ce jour, la situation entre Marie-Élisabeth et lui ne fit que se tendre. De jours en jours, la position de la jeune femme devenait de plus en plus difficile. Dans Auxerre, les gens la regardaient de travers. L'auberge du *Cerf Volant* était mise à l'index et on se la montrait comme une maison mal famée. Un dimanche, à Saint-Eusèbe, quand Marie-Élisabeth entra dans l'église pour entendre la grand'messe, sa voisine de banc affecta de se lever et de changer de place. L'héroïque jeune femme était tout de même une petite provinciale, sensible à toutes les mesquineries de la vie de province. Elle s'affectait beaucoup du quand dira-t-on, et de se sentir décriée dans sa ville natale où jadis elle était estimée et affectionnée. Sans se l'avouer, dans son for intérieur, elle reprochait à M. de la Pivardière d'en être la cause, et il en résultait entre eux une certaine contrainte. Ils ne se parlaient plus avec la même confiance, et souvent ne trouvaient rien à se dire. Il faut penser aussi, que pendant son absence de dix-huit mois, elle s'était un peu désaccoutumée de lui.

Un beau matin, triste matin plutôt, M. de la Pivardière, qui était de plus en plus malheureux, prit sa résolution. Il demanda à Marie-Élisabeth de venir passer une dernière journée avec lui à la guinguette du *Bon Vivant*.

On était à la fin d'octobre et les feuilles
d'or des peupliers commençaient à tomber... Il y avait dans l'air toute la tristesse
épandue de la fin des beaux jours.

Quand ils furent assis sous la tonnelle,
couverte de vigne rougie, M. de la Pivardière fit appel à tout son courage, prit la
main de Marie-Élisabeth et la regarda avec
des yeux que les larmes voilaient.

De ce qu'il lui dit, ce jour-là, il ne reste
d'autre trace que les récits de la jeune
femme qui se sont transmis jusqu'à nous
par la tradition orale. Mais on peut facilement le reconstituer.

Malgré ses hâbleries, et l'inconsistance de
son caractère, M. de la Pivardière était un
honnête homme, et il aimait tendrement
Marie-Élisabeth. Il est certain, qu'à cette
heure décisive de leurs existences, il dut lui
parler très loyalement et dans des termes
qui peuvent se résumer ainsi :

« Notre faux mariage n'existe plus et puis-

« que nous avons perdu nos enfants, rien ne
« nous réunit plus, excepté nos souvenirs
« et l'amour que j'ai pour vous. C'est au
« nom de cet amour, que je crois que mon
« devoir est maintenant de vous quitter
« pour vous laisser libre de rebâtir votre vie
« et de chercher le bonheur que je n'ai pas
« pu vous donner. »

Sans doute attendait-il que Marie-Élisabeth lui répondît par une protestation d'amour et d'éternel attachement. Mais elle se contenta de pleurer.

XI

En revenant à l'hôtel du *Grand Monarque*,
M. de la Pivardière empaqueta ses affaires
dans le coffre qu'il avait apporté en venant
à Auxerre et ordonna qu'on le mît au bureau
des coches. Au petit jour il fit seller son
cheval, et, sans avoir revu Marie-Élisabeth,
reprit le chemin de Paris ! Mélancolique chevauchée ! Sitôt arrivé, il descendit dans une
auberge pour se nettoyer. Ensuite il se rendit à Versailles et demanda une audience à
M. de Chamillard qui venait d'être nommé
sous-secrétaire d'État pour la guerre... Il

comptait pouvoir reprendre du service dans son ancien régiment des Dragons de Sainte-Hermine. Qu'avait-il de mieux à faire désormais? L'armée et le couvent sont des espèces de famille pour ceux qui n'en ont plus. M. de la Pivardière ne se sentait pas la vocation religieuse. Il lui restait à prendre l'autre parti. Mais il se trouva que les cadres du régiment des Dragons de Sainte-Hermine étaient au complet, et que M. de Chamillard malgré sa complaisance ne savait où le caser. Il se désolait, lorsqu'il lui vint à l'esprit que sa mère, la dame de Betoulet de Saint-Christophe, était une petite parente du duc de La Feuillade auquel le roi venait de donner le commandement de l'armée du Dauphiné.

Il pénétra facilement chez le galant maréchal qui l'accueillit à merveille. Son histoire avait fait un tel bruit dans Paris et à Versailles qu'il était une espèce de héros. Pour lui faire plaisir, et se targuer d'avoir sous ses ordres un personnage aussi notoire, le maréchal lui fit donner un brevet de lieutenant dans un régiment de Dragons, le DAUPHIN-DRAGON, chargé de surveiller les défilés des Alpes contre les contrebandiers qui passaient en fraude de la soie et du tabac. Ils étaient organisés en bandes armées. Et les opérations qu'on menait contre eux étaient de véritables petites guerres.

Au cours de l'une d'elles, six mois après son arrivée au régiment, M. de la Pivardière eut la mauvaise fortune de recevoir une balle qui lui perça le poumon, et dont il mourut presque aussitôt. Se souvint-il, en ses derniers moments, de la chanson singulièrement prophétique qu'il avait entendue à Auxerre, le soir de son arrivée :

> Y t'aurai, ma brunette,
> Y t'aurai ou bien irai
> A la guerre en Dauphiné.
> Y t'aurai
> Ou bien mourrai.

Après son départ, Marie-Élisabeth demeura encore quelques mois à Auxerre, et puis, lassée des commérages de la petite ville, elle convainquit sa mère de vendre le *Cerf Volant* à son cousin-germain et d'acheter une maison à Flavigny. Deux ans après elle s'y ennuya et rentra à Auxerre. Seulement elle changea de paroisse. Elle habitait rue du Pont et s'y maria en 1705, plus conformément à ses origines, avec un maître serrurier nommé Daguet. Mais il est probable que Dubouchet de la Pivardière lui tenait toujours au cœur, parce qu'elle ne cessait de parler de lui et de raconter son aventure.

Quand elle eut été déchargée de l'accusation d'avoir assassiné son mari, la dame de Menou de la Pivardière était revenue habiter le manoir de Nerbonne. Elle y demeura sept ans et mourut le vingt et un février mil sept cent huit.

Elle fut enterrée dans l'église de Jeumaloche. Et sur le registre de la paroisse qui porte son acte de décès, on remarque plusieurs singularités :

D'abord un grattage et une surcharge sur le mot qui la qualifie d'épouse du sieur del apivardière (*sic*). On peut s'assurer, à l'aide d'une loupe, que le mot veuve avait d'abord été écrit, puis effacé et surchargé. Cependant M. de la Pivardière avait été tué en Dauphiné au moins de juin 1702. Ne le savait-on pas à Nerbonne ? Ou plutôt ne voulait-on pas le savoir, afin d'éviter que le vocable de « veuve » après tous ces bruits d'assassinat ne créât une confusion préjudiciable à l'honneur posthume de la dame de la Pivardière?...

Il est encore singulier que les témoins qui ont contresigné son acte de décès soient uniquement trois prêtres, le curé prieur de Jeumaloche, celui de Heugne, et... frère Charotz prieur de Mizeray ! Ce dernier y était d'ailleurs obligé par une servitude du prieuré de Mizeray envers le fief de Nerbonne, qui enjoignait aux Prieurs d'assister, en « tenue décente », à l'enterrement des seigneurs de Nerbonne, de leurs femmes et de leurs fils aînés.

Mais il est surprenant qu'aucun des membres de la famille de la dame de Menou de la Pivardière n'ait témoigné de sa présence à l'enterrement en signant selon la coutume sur le registre de la paroisse. Cependant les de Menou étaient et sont encore à la tête du pays. Faudrait-il en conclure qu'elle était reléguée au ban de la société berrichonne ?

D'ailleurs, dans ce coin du Bas Berry, où le souvenir de cette affaire est encore vivant, on croit fermement que M. de la Pivardière

a été assassiné par sa femme. A Jeumaloche,
à Trompe-Souris, plusieurs familles habitent
encore les mêmes maisons qu'à cette époque
et le soir aux « veillons » on se raconte le
crime de Nerbonne.

Au petit manoir, rien n'a changé. Il est
habité par des fermiers, depuis 1780. Mais
personne ne voudrait coucher dans la chambre où M. de la Pivardière a été soi-disant
tué ni dans celle de sa femme, dont les boiseries sont encore apparentes. On y met
sécher de l'avoine, des châtaignes, des noix
et toutes sortes de débarras. Le petit lavoir
dans le jardin est celui où la dame de la Pivardière lava les draps ensanglantés du lit
de son mari. Le soir tombé, les gens de la
ferme évitent de passer auprès, parce que
certaines nuits, la châtelaine y revient pour
continuer sa lugubre lessive.

En réalité, une ombre de mystère plane
encore sur cette affaire. Les dépositions des
servantes, le procès-verbal après l'enquête

du Lieutenant Criminel, étaient-ils si complètement mensongers ! Ne s'est-il rien passé d'extraordinaire à Nerbonne dans la nuit du 15 août 1698...?

.   .   .   .

FIN

E. GREVIN — IMPRIMERIE DE LAGNY — 1925.

NOUVELLE COLLECTION HISTORIQUE

Déjà parus dans cette Collection :

ARMAND PRAVIEL

L'Assassinat de Monsieur Fualdès. Préface de Marcel Prévost, de l'Académie française. — 1 volume in-16.
L'Histoire tragique de la Belle Violante. 1 volume in-16.

G. LENOTRE

La Femme sans nom. 1 volume in-16.

J. LUCAS-DUBRETON

Louvel le Régicide. 1 volume in-16.

PIERRE BOUCHARDON

Le Crime de Vouziers. 1 volume in-16.
La Tuerie du Pont d'Andert. 1 volume in-16.
La Tragique Histoire de l'Instituteur Lesnier. 1 volume in-16.

JEAN LORÉDAN

La Machine infernale de la rue Nicaise. 1 vol. in-16.

MAURICE TALMEYR

La Ténébreuse Affaire La Roncière. 1 vol. in-16.

LOUIS ANDRÉ

La Mystérieuse Baronne de Feuchères. 1 vol. in-16.

PAUL GINISTY

Vie, Aventures et incarnations d'Anthelme Collet. 1 volume in-16

ERNEST D'HAUTERIVE

L'Enlèvement du Sénateur Clément de Ris. 1 volume in-16.

ÉMILE GABORY

La Vie et la Mort de Gilles de Raiz. 1 vol. in-16.

MAURICE SOULIÉ

La Mort et la Résurrection de M. de la Pivardière. 1 volume in-16.

9 782329 242415